广东省中小学"百千万人才培养工程"
初中理科名教师培养项目丛书

丛书总主编：于 慧 李晓娟

探物思理 知行合一

指向新课程理念的初中物理教学实践与创新

林惠莉 著

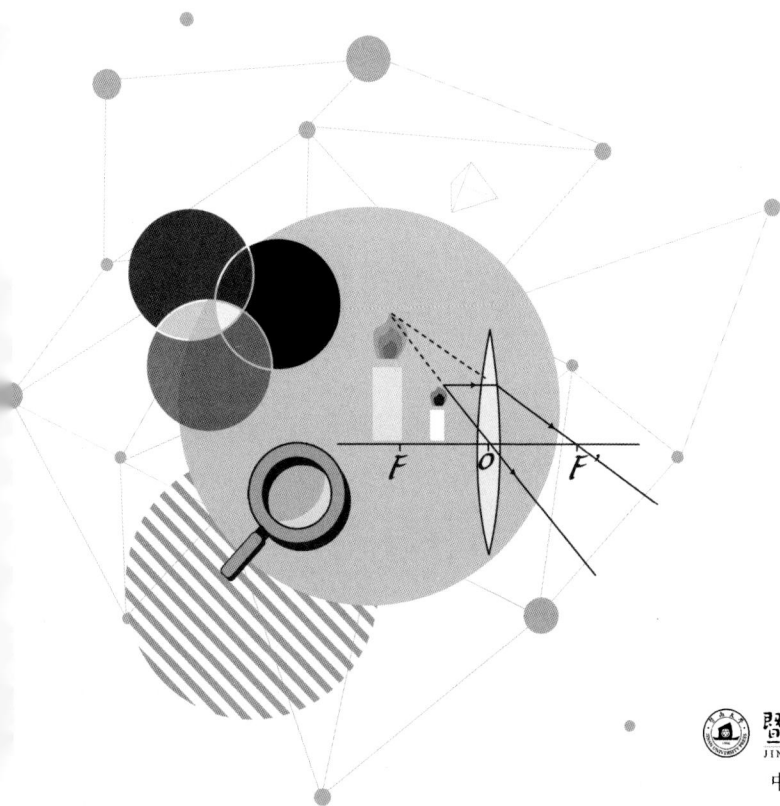

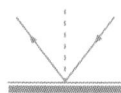

暨南大学出版社
JINAN UNIVERSITY PRESS
中国·广州

图书在版编目（CIP）数据

探物思理 知行合一：指向新课程理念的初中物理
教学实践与创新 / 林惠莉著. -- 广州 ： 暨南大学出版
社，2024. 12. --（广东省中小学"百千万人才培养工程"
初中理科名教师培养项目丛书 / 于慧，李晓娟总主编）.
ISBN 978-7-5668-3953-4

Ⅰ．G633.72

中国国家版本馆 CIP 数据核字第 202421L3U2 号

探物思理 知行合一——指向新课程理念的初中物理教学实践与创新

TAN WU SI LI ZHI XING HE YI——ZHIXIANG XINKECHENG LINIAN DE
CHUZHONG WULI JIAOXUE SHIJIAN YU CHUANGXIN

著 者：林惠莉

出 版 人：阳 翼
统 筹：黄 球 潘江曼
责任编辑：黄 球 黄亦秋
责任校对：林 琼
责任印制：周一丹 郑玉婷

出版发行：暨南大学出版社（511434）
电 话：总编室（8620）31105261
营销部（8620）37331682 37331689
传 真：（8620）31105289（办公室） 37331684（营销部）
网 址：http：//www.jnupress.com
排 版：广州良弓广告有限公司
印 刷：广州市金骏彩色印务有限公司
开 本：787mm×1092mm 1/16
印 张：13
字 数：250 千
版 次：2024 年 12 月第 1 版
印 次：2024 年 12 月第 1 次
定 价：59.80 元

序

探索物理教育新思路
实践知行合一新路径

"探物思理　知行合一"蕴含了作者对教学理念、方法的深思和探索。探物思理，意味着通过探索现象、实验与实践，培养思维，以加深对理论的认识和理解。知行合一，则强调知识与行动相结合，注重学以致用和实践能力培养。由此，本书的核心理念清晰可见，这也将更好地指引教师探物究理，更好地引导学生自主探究和加强实践。

作者首先在开篇概述了其教学思想。以"探物思理　知行合一"为主题，旨在传达作者的教学理念及其在教学实践中的创新应用。作者深入地分析了物理学科的特点和学生的特点，阐明了培养学生科学思维与实践能力的方法，并梳理出"双向四轮"单元教学模型和任务驱动教学模型，以此支撑"趣思共生、境理相融"的教学主张，由此从实践观的角度凝练出"探物思理　知行合一"的教学思想。作者的思想结构框架体现出对教学的深度洞察力，读者可以从中得到一定的启迪并引发思考。

理论构建部分是整本书的核心。一是探讨了新课标对初中物理教学的新要求。作者对新课标中的教学新要求进行了深入分析，梳理了教学改革重点内容，对教师在物理教学中的作用和改进方向进行了探讨，这对初中物理教师深入理解新课标、践行新课标具有重要的指导意义。二是以学生资源的开发与利用为主题，通过对学生资源进行广泛的调查和研究，提出了开发和利用学生资源的重要性，阐述了资源利用的策略，通过实证研究验证了这些策略的有效性，并创新性地提出认知资源的开发应用。这些研究成果对于教师更新教学理念，建立学生立场，培养学生自主学习和合作学习的能力，从"教堂"向"学堂"转型都具有积极意义。三是探索单元教学的实施路径。作者以"双向四轮"单元教学模型为基础，进一步深化任务驱动的教学模式的应用，提出了单元教学要建立"从单元任务到物化成果""从三向框架到迁移应用"的学习通路，课时教学要通过任务驱动式教学模式来实现"学习者为中心的课堂"。作者继承和发展了"任务驱动式教学""闯关教学"模式，提出了通过设计体现进阶的实验来设计学习任务——在感知任务和应用任务中设计有趣的实验，在探究任务中设计定性实验和定量实验。通过"感知（游戏实验）—探究（定性＋定量实验）—应用（游戏实验）—反思"四个任务环节达到学习进阶的目的。此外，作者还探索了结构化作业来体现单元教学的思想。这些探索对减少"碎片化"教学，促进"既见树木又见森林"结构化单元教学目标的实现具有借鉴意义。四是结合物理教学的特点，主要研究了实验教学的有效性与评价方法，提出了提高实验教学有效性的措施，并通过实验操作考试评价研究来验证这些措施的可行性和有效性。这将更好地指导实验教学，提高学生对物理实验的理解和掌握。五是着重研究了信息技术在深度学习中的应用。作者关注智慧课堂、线上线下混合教学、微课和双师课堂等教学模式，探讨了信息技术对物理教学的促进作用，这些都将对教师以技术赋能教学，促进信息技术与学科教学的有效融合具有积极指导作用。

总体来说，《探物思理　知行合一——指向新课程理念的初中物理教学实践与创新》这本著作在物理教学领域进行了深入研究和探索，对新课程理念下的教学方法和模式创新进行了一系列实践。作者以其独到的见解和深度思考，为读者提供了有益的指导和启示。相信教师阅读该书，能够进一步理解物理教学的核心理念和有效方法，更新物理教育教学理念，改进教学的方法，在实践中不断提升教学水平，从而训练提升学生的科学素养和实践能力，为培养具有创新精神的人才做出贡献。

最后，衷心祝愿《探物思理　知行合一——指向新课程理念的初中物理教学实践与创新》这本著作能够广泛传播，为促进初中物理教育的高质量发展做出积极贡献。

蔡冬阳

2024 年 1 月

（蔡冬阳，广东省中学物理正高级教师，汕头市人民政府督学，汕头市教师发展中心中学物理教研员）

目 录
CONTENTS

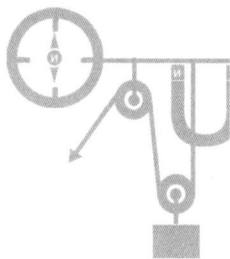

第一章　"探物思理　知行合一"教学思想概述

作为一名一线教师，不断反思自己的教学和教研过程，总结自己的教学主张，提炼自己的教学思想，促进教学成效的进一步提升，既是个人成长的需要，也是对学生负责的体现。"探物思理　知行合一"是笔者结合从教二十余年的经验，根据新课标的要求提炼而成的教学思想，在物理教学实践中应用良好。以下粗略述之。

第一节　"探物思理　知行合一"教学思想的形成过程

一、教学反思

（一）"学"大于"教"，让课堂增效的关键是创设学习型课堂

2005 年是我入职的第四年，教了三年初中，学生成绩不错，学校安排我新学年带高一，我也信心满满。我单纯地以为继续用初中的教学方法，讲课有激情些，课后作业抓紧些，就能使学生获得好成绩。但在期中考试时，我班学生的物理平均成绩却比科组长班的学生低 6 分，这是入职以来我第一次反思自己的教学——问题究竟出在哪里？

于是，我搬着椅子去科组长班里听课。几堂课下来，我发现，原来课堂教学不能"一言堂"，要留有时间给学生进行课堂练习，及时应用知识非常重要！反思自己的教学——一节课 45 分钟，我恨不得"灌"55 分钟，这种只重视教不重视学的行为，使教与学相割裂，怎么可能让学生学会？

当时，"洋思教学"模式开始出现。有别于"先学后教"，我在我所任教的班级中进行"学案"的尝试——将物理规律的推导、物理例题的解法用学案形式编写出来，让学生在课堂上动手动脑完成推导的过程。相比之前热闹的互动课堂，现在的课堂看起来有点冷清，但学生是真正动起来了，他们主动学习，让学习成绩得到"反转"，也让年轻的我第一次意识到，"学"大于

"教"，追求让学习真正发生的课堂，才能实现教学增效！

（二）实验既是教学内容又是学习方法，物理课必须进行实验教学

2011 年，我调入汕头市龙湖区教育局担任物理教研员，新工作的一项重要内容是下校调研视导。我惊讶地发现一个现象——多数物理教师是不做实验的！当时，教材配备了教学光盘，在本该进行演示或探究实验的教学环节，教师们就通过播放实验动画或者实验视频来讲解相应的内容。

教师"说实验"使学生获得知识的途径仅停留在"记忆"环节，没有亲自动手实验的过程，更没有分析、推理的思维构建过程。这是我第二次意识到教与学的割裂，于是我开始从学科本质上对课堂教学提出更高的追求。2013—2019 年，我开展了三个关于实验教学的系列课题研究：实验课堂教学研究、课外实验研究和实验操作考试研究。

课题研究成果的推广，改变了我们区的物理课堂教学状态——实验教学成为课堂常态。我也感受到了作为教研员的价值——改变全区的教学现状，加强教师对教学的理解和专业能力，提升学生的科学素养。

（三）物理是提升思维的课程

2020 年，我通过副高职称的评审认定，也得益于参加"广东省百千万人才培养工程"培训项目，在广州、深圳、杭州、北京等全国名校的研学，让我意识到，教育应是让人变得更有智慧的过程，应立足于学科教学，构建科学思维，培养核心素养。在一次跟岗活动中，我的导师张晓红老师在评课活动中说："你别看一节课那么多花哨的实验，课堂好像很热闹，但是这节课没有思维！"她一针见血的评课意见，让我又一次"开窍"，顿悟了物理教学的核心——培养思维。

于是，在 2021 年和 2022 年，我分别主持了以"学生资源"和"单元教学设计"为主题的省级课题，分别从"学生认知""单元知识和认知前后迁移"的角度探索思维型课堂，目的在于通过学习进阶让学生的认知从"记忆、理解"等低阶思维上升到"应用、评价、创新"高阶思维。在和团队教师们一起进行教学实践的过程中，我认识到：教学活动的设计应该创设情境，让学生在有挑战的进阶任务中获得思维和能力提升。我参考了广东省教研员余耿华老师的"闯关教学"模式，提出任务教学的流程，并结合单元教学设计的总体规划，形成了"双向四轮"教学模型，从任务驱动等四个方向提升学生思维，培养科学素养。

二、教学实践

高质量的课堂教学是我一直在坚持的专业追求。从想法到做法，从做法到观点，几年来，我对课堂教学的实践包括以下内容：探索一节课如何上才高效，实验教学如何进行，学生输出的课堂模式应该是怎样的，如何在课堂上提升学生的学习能力……基于这些想法，几年来我进行了以下主题的课题研究：优化物理课堂教学提高学习效率研究；实验教学系列研究；信息技术支撑深度学习研究；学生资源开发利用研究；单元教学设计研究。在深化教研的过程中，我总结了经验，提升了认知，逐渐形成了自己的教学观点。

（一）探究实验的开发应从定性走向定量，提升学生的操作水平和思维能力

探究性实验和测量性实验是初中物理实验教学的两大板块。实验教学不仅仅是教学内容，更是学生认识事物的本质属性、运动规律的必由路径和方法。特别是探究性实验，不仅能培养学生的实验操作技能，还能培养学生物理学科的思维方法。而教材中有的教学内容只讲解知识，并没有给出实验的过程，这部分的教学内容就需要教师开发实验，帮助学生学会知识，培养思维能力。

案例：电功的教学①

教师：什么是电功？电功与什么因素有关呢？

学生：（茫然，等待）

教师：研究表明，如果用 W 表示电功，用 U 表示用电器两端的电压，用 I 表示流经用电器的电流，t 表示通电时间，那么电流所做的功 $W = UIt$。现在我们来做一道题……

教学片段反思：电功的影响因素为何为 U、I、t？为什么 W 刚好是三者的乘积？当然通过做题，学生会记住公式。但是，学生是存在疑惑的，心里是不相信的，只是他们一般不会说出来。这样更大的问题就出现了，时间久了，学生就养成一个"不想"的习惯："不管它，记牢就好了。"当学生有了这种想法后，物理，这个原本蕴含思考空间的学科，便远离思考了。

----

① 本教学案例来源于汕头市蓬鸥中学郑加荣老师。

如何让学生有效学会电功的知识？能否开发一个实验来说明电功和三个物理量的关系？探索"电功和电流、电压、通电时间的关系"是探索一个物理量和多个物理量之间的关系，思考问题的第一步应该落脚于物理思想方法的老把式——控制变量法。我们的实验包括三个环节。

第一个环节：我们集体备课团队设计了这样一个实验，通过两台不同规格的抽水机将低处的水抽到高处，使用的电源是可调电源。抽水机两端的电压可调节并可数显，通过抽水机的电流也可调节、可读取，观察相同时间内流入高处两个瓶子里的水的多少，从而判断电功的大小。实验设计如图 1-1 所示。

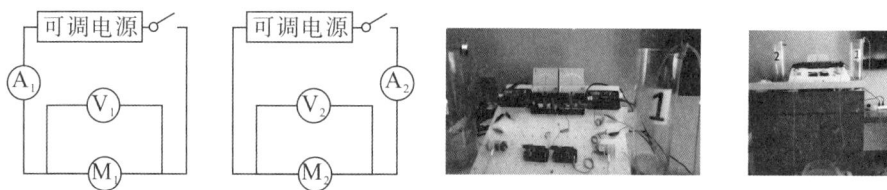

图 1-1   实验设计电路图和实物图

在这个实验中我们进行了两个小实验：一是当电压一定时，电流增大，观察抽水机在相同时间内抽水量的多少；二是当电流一定时，电压增大，观察抽水机在相同时间内抽水量的多少。从而获得电功和电压、电流的定性关系：电压越大、电流越大、通电时间越长，电功越大。

这样的设计实现的是从感性认识到理性认识，使电功的大小转化为抽水机抽水量的多少，便于观察，学生也获知了电功与电压、电流、通电时间的定性关系。

第二个环节：如何解决 $W = UIt$ 的定量问题。有没有一个仪器可以测量出电压、电流和电能呢？经过寻找，我们团队找到电量计仪表。

电量计能测量电热水壶两端的电压、流过电热水壶的电流和工作 20s 的电能。获得数据后，进行单位换算，让学生计算 UIt 的大小，与 W 进行比较，获得 $W = UIt$ 的定量关系。实验设计如图 1-2 所示。

图 1-2   利用电量计测量电热水壶电流、电压、电能的实验

第三个环节：用另外一种方法测量电能，和第二个环节进行对比，体验不同方法的测量过程，殊途同归，使实验结论更加可信。电量计毕竟不是常规的实验器材，能否用学生熟悉的器材进行测量，进行电能（功）大小的比对呢？于是我们设计了第三个实验：用电能表测量电热水壶工作 20s 的电能。实验设计如图 1-3 所示。

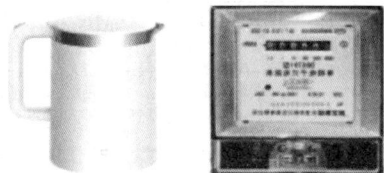

图 1-3　用电能表测电热水壶电能的实验

通过数脉冲闪点的次数，经过计算，获得电能的大小，与第二个环节得到的电能进行比较，从而更进一步证明 $W = UIt$。

电功教学设计见表 1-1：

表 1-1　电功教学设计

学习内容	教师活动	学生活动	核心素养
任务一：探究电能（电功）大小的影响因素。	提出问题：用电器消耗电能（电功）大小的影响因素有哪些？（引导学生利用抽水机来进行实验设计）展示实验电路：	猜想假设：结合 7、8 月长时间使用空调导致消耗电能多，空调工作时相比电灯等用电器电流较大，猜想电功与电流有关；电压是形成电流的原因，猜想电功与电压有关；根据生活经验，猜想电功与通电时间有关。实验方法：控制变量法和转换法。实验1：探究电流、通电时间一定时，电功与电压的关系。 | 用电器 | 电压 U/V | 电流 I/A | 电功（较大/较小） | | 抽水机1 | | | | | 抽水机2 | | | |	科学探究：基于观察和实验提出物理问题、形成猜想和假设、设计实验与制订方案、获取和处理信息、基于证据得出结论并做出解释，以及对科学探究过程和结果进行交流、评估、反思的能力。

（续上表）

学习内容	教师活动	学生活动	核心素养
任务一：探究电能（电功）大小的影响因素。		结论1：电流、通电时间一定时，用电器两端电压越大，电流做功越多。 实验2：探究电压、通电时间一定时，电功与电流的关系。 表格： 结论2：电压、通电时间一定时，通过用电器的电流越大，电流做功越多。 分析总结： 用电器消耗电能（电功）与电压、电流和通电时间有关。电压越大、电流越大、时间越长，用电器消耗电能（电功）越多。	
任务二：用电量计测量电热水壶20s内消耗的电能。	简要介绍电量计可以用于测量电能、电压和电流，用电量计测量电热水壶工作20s消耗的电能。	 记录电热水壶工作时的电压、电流和消耗的电能： 学生通过表格数据计算 UIt 的大小，并进行单位换算，用单位 J 表示，比较 UIt 和 W 的数量关系。 归纳总结实验结论。	运用科学思维记录、分析、归纳总结。

任务一表格：

用电器	电压 U/V	电流 I/A	电功（较大/较小）
抽水机1			
抽水机2			

任务二表格：

电压 U/V	电流 I/A	通电时间 t/s	电能 $W/(\mathrm{kW\cdot h})$
		20s	

（续上表）

学习内容	教师活动	学生活动	核心素养
任务三：利用电能表通过"转数法"测量电热水壶20s内消耗的电能。	提问：怎样用电能表来测量电热水壶20s内消耗的电能？	答：可以通过使用前后两次示数的差来测量（示数法），也可以通过记录20s内电能表的闪烁次数来测量（转数法）。 学生进行观察和记录（发现示数法前后两次示数没有变化，转数法测量结果约为0.01kW·h）。	用物理观念在头脑中对物理概念和规律等进行提炼与升华，从物理学视角解释自然现象和解决实际问题。

（二）及时捕捉学生资源，促进思维外显，突出学习型课堂

发展核心素养，倡导学生在各种复杂多样的真实情境中，在有意义的、开放的任务和活动中，不断实践、讨论、质疑和反思，用已有的知识与经验，分析解决各种复杂和陌生的问题。强调基础知识、基本技能，以及思路方法的构建、打破与重构，是促进学习的有力措施。教师需要关注学生的学习过程，特别是思路方法的形成过程，让学习过程中内隐的思维显性化。

案例：杠杆的教学

教师展示学生实验数据，并提问：从数据中你能获得什么结论？A同学回答："动力＋动力臂＝阻力＋阻力臂。"B同学回答："动力×动力臂＝阻力×阻力臂。"教师说"非常好"，继续讲课。

教学片段反思：A同学并不知道自己回答的为什么是不对的，也不知道怎样才能得到正确答案，他会觉得B同学的结论和教材一致，所以就是对的。因为没有更进一步的交流，教师也没有深究A同学的思维障碍点。其实，教师应将A同学的回答作为很好的学生资源加以捕捉和利用，这是培养思维的好机会。应给予学生一些自主思考、辩论的时间，让学生可以发表自己的见解，让思维外显。

学生资源是在课堂教学中来源于学生，通过师生、生生互动而生成的资源，包括学生出乎教师设计的提问或回答、课堂中突发的事件或学生的特殊表现等。学生的认知类资源，即学生在认知上的呈现状态，通常会从学生的争议、讨论和质疑，学生发表的观点、意见和建议，学生的提问或回答，学生的

错误等表现中折射出来。开发与利用学生认知类资源的教学策略有：一是从学生已有的知识与经验入手，引领学生从生活走向物理；二是及时捕捉学生的认知变化，尊重和发掘学生的"错误"。

那么怎样及时捕捉学生的认知类资源，让思维外显呢？一是创设条件让学生自我分析问题；二是在质疑辩论中让思维外显；三是通过连续追问让思维外显。

以下是在杠杆教学中，捕捉学生资源，让思维外显的教学片段。

案例：展示学生课前实践类作业

教师：屏幕上是各小组上传的杠杆照片，我来选几个小组上来给我们展示讲解一下他们所理解的杠杆是怎么样的，大家观察并对比他们的作品，想想他们讲的是不是杠杆，有什么共同点？

小组上台展示作品。

第一组学生：大家都有游乐园玩投篮的经历，我这个杠杆就是一个投篮器模型，这边是一个发射装置，这是一根吸管，用牙签固定住，当我用手往下按时，另一边的乒乓球就会被发射出去，投进篮筐里，接下来我演示一下。

第二组学生：我的模型灵感来源于中国古代的投石机，可以看到它是由一根木棍组成，中间有一个固定的点，另一边用橡皮筋绑住。当我将这一边往下压，另一端的橡皮筋就会绷紧，给木棍一个向下的力，当我松手时，在弹力的作用下石头就可以投射出去。

台下学生通过观察和分析台上学生展示的作品，找出共同点。

学生1：都是一根棍子。

学生2：都有一个固定不动的点在转动。

学生3：都需要有力……

教师：一根硬棒，在力的作用下绕固定点 O 转动，这根硬棒就是杠杆。（投影电子教材，分析关键词）

反思评价：布置课前实践类作业，并由学生讲述何为杠杆，这个过程是学生资源的开发与利用过程。教师既能了解学生对杠杆的错误认知，又能从学生的感性认识中归纳杠杆概念的关键因素。通过学生的参与，体现了学生输出的课堂环节，让学生讲述，体现了思维外显策略。展示学生课前实践类作业，是我主张的教学引入形式之一。

案例：学生自主进行探究实验

教师示意学生开始探究实验，教师巡视指导，及时发现学生实验操作中存在的问题并做好记录。学生进行分组探究实验，并拍照上传实验数据。

教师：从这些实验数据可以得到什么结论？

学生观察实验数据，经过分析总结可得：动力×动力臂＝阻力×阻力臂。

教师：（展示部分学生数据）我们来观察这组数据，老师发现这组数据不仅满足 $F_1 \times L_1 = F_2 \times L_2$，还满足 $F_1 + L_1 = F_2 + L_2$，为什么会出现这种情况？

学生：数据很特殊（$F_1 = F_2$，$L_1 = L_2$）。

教师：这组数据具有偶然性，我们之前做过那么多探究实验，都一直强调要注意什么？

学生：多次实验，避免偶然性，得到普遍性结论。

教师：（投屏不加钩码的倾斜杠杆）这张图片是老师拍的某组同学做实验前的情况，应怎样调节？

学生：杠杆的平衡螺母左偏右调，右偏左调。

教师：刚才有的学生用虚拟实验室探究的时候（挂钩码后杠杆倾斜但静止），出现了这种情况，那么，这种状态平衡吗？

学生分析五要素，并找出力臂；学生发现力臂没有落在标尺上，因此无法直接用标尺读数。

学生：平衡，但是为了方便读出力臂，实验时要让杠杆保持在水平位置平衡。

反思评价：杠杆平衡条件的探究实验需要完成两个认知任务：一是通过实验过程探索平衡条件的基本知识；二是经历数据分析、分析论证、归纳总结、解释应用的过程，培养学生的思维能力。但从学生的角度，进行杠杆的实验操作是有难度的，通过观看微课视频，可规范实验操作。通过设置三个问题可完善学生对杠杆概念的理解：数据满足"相加"关系还是"相乘"关系？倾斜的杠杆是否为平衡状态？为何要调节杠杆处于水平状态？三个问题由学生讨论回答，深化学生对规律的理解，教师也能从学生的回答中及时捕捉学生的想法，根据实际情况加以引导，体现了学生输出的课堂教学理念。

（三）设置进阶式的学习任务，培养学生的思维能力

在汕头市龙湖区的教学质量分析会上，一位教师分享了一道计算题的答题情况，学生对于物理公式的应用张冠李戴，对压强 $p = F/S$ 和功率 $P = W/t = Fv$ 公式记不熟，胡乱应用。

反思评价：在学习中，对于物理概念和规律若只停留在记忆层面，而没运用理解、分析、应用等高阶思维，那么当面对复杂情境和需要综合思维的问题时，学生就难以解决。教学应设置进阶式学习任务，让学生从低阶认知走向高阶认知。

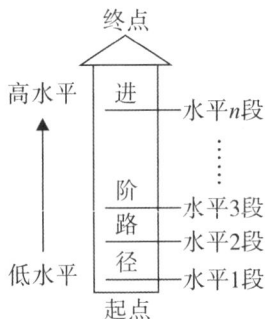

图1-4 学习进阶模型

北京师范大学郭玉英教授团队研究的学习进阶理论描述了学生在一个时间跨度内学习和探究某一主题时，依次进阶、逐级深化，提升思维方式的过程。该理论指出学生在学习过程中应遵循的符合认知规律的连贯而典型的学习路径，一般表现为围绕某一主题而展开的不断深入的概念序列描述。学习进阶理论认为学习是一种不断积累、不断发展的过程，学生对核心概念的理解不是一蹴而就的，而是需要经过许多不同的中间阶段，这些中间阶段称为"阶"，"阶"的确定不仅基于知识的逻辑结构，还是由学习者和知识主体、客体共同决定的。学习进阶的每一个"阶"描述了学生在学习同一内容时不同的思考方式。学习进阶的构建以核心概念为主轴，路径由起点、中间过程和目标构成（见图1-4）。

我认为，对于单元教学，各个课时教学内容就是依据概念序列的进阶；对于课时教学，设置不同的"学阶"，则应体现认知的进阶。具体来说，单元教学是对概念的学习由浅入深，实现概念的进阶。而课时教学根据布卢姆认知层次理论（见图1-5），我主张从记忆、理解、应用等低阶认知提升到分析、评价、创造等高阶认知，逐步训练学生的认知能力。

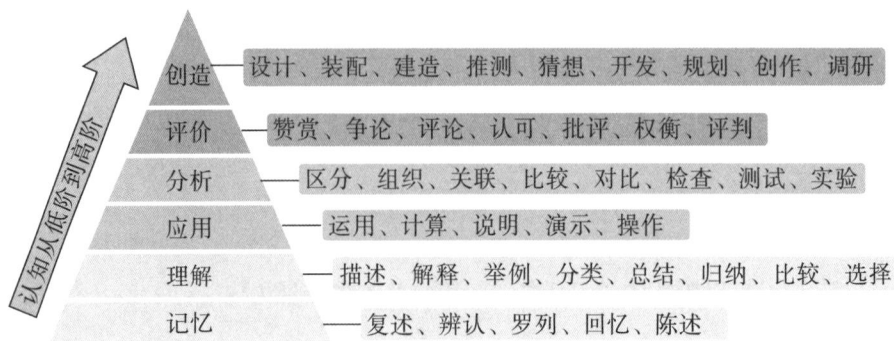

图1-5 布卢姆认知层次理论

以下以"力"单元为例,说明两种进阶形式的"学阶"的设置(见图 1-6)。

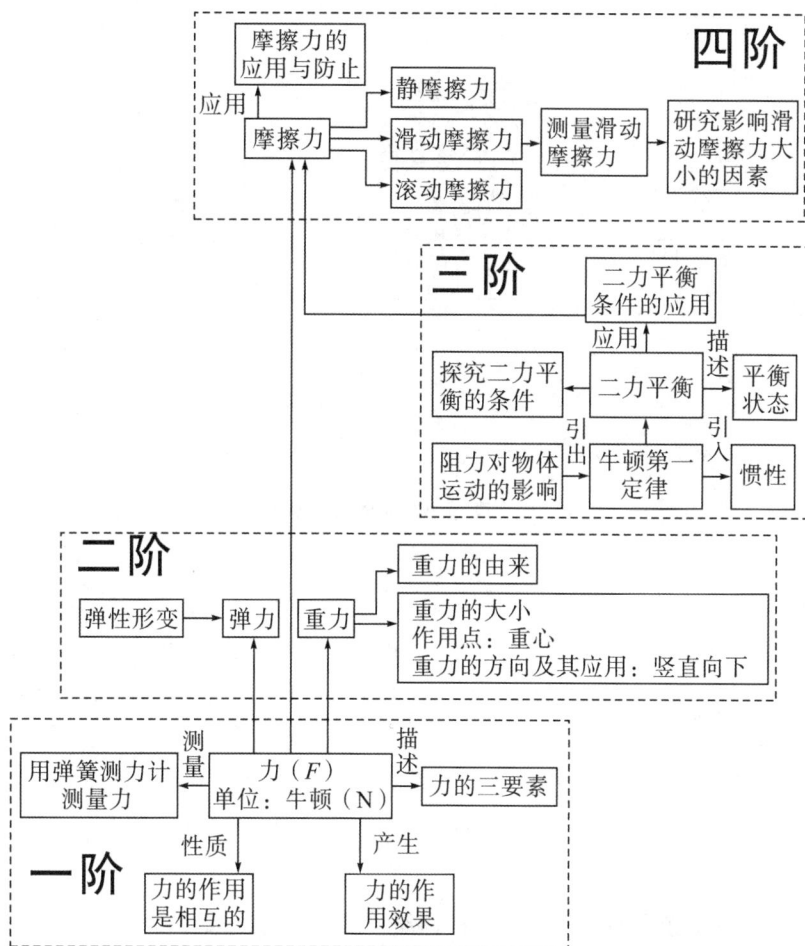

图1-6 "力"单元概念序列的进阶

在这个单元中,从力的概念序列的角度,设置了四个"学阶",一阶是力的基本概念;二阶是重力、弹力、摩擦力的概念。由于摩擦力的测量需要用到前知识牛顿第一定律和二力平衡,因此将牛顿第一定律和二力平衡作为三阶,摩擦力作为四阶。这样在学习过程中,力的相互性、三要素、示意图等基本知识,在分析重力、弹力、摩擦力时都可以一并学习,加强了知识间的联系,有利于知识的整合。同时用分析力的基本方法分别分析三种性质力,强化了思想方法。

以"摩擦力"为例，根据布卢姆的认知层次理论，进行课时教学设计（见图1-7）。

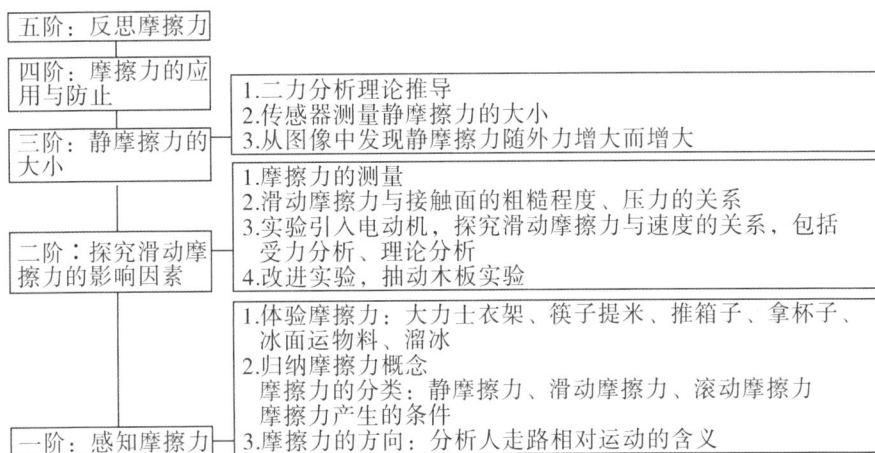

图1-7 "摩擦力"课时教学认知进阶

在五个"学阶"中，一阶是感知任务，二阶和三阶是探究任务，四阶是应用任务，五阶是反思任务，体现了"闯关教学"模式的流程，且从感知到探究，再到应用，也体现了认知能力的递进。二阶和三阶从定性实验到定量实验，也体现了实验能力的递进。

学生的思维如何发展？就是在课堂实施中，设置能力递增的进阶式任务，让学生在完成任务的过程中，经历思维的过程，实现能力提升。

（四）构建统摄单元教学的双向通路，迁移物化，知行合一

在《义务教育课程方案（2022年版）》中，有这样的描述："探索大单元教学，积极开展主题化、项目式学习等综合性教学活动，促进学生举一反三、融会贯通，加强知识间的内在关联，促进知识结构化。"如何进行单元教学设计？如何教才能让学生"既见树木，又见森林"？我主张，单元教学设计要有"抓手"，在备课的过程中，从两条通路去把握和统摄单元。

第一条通路是从三层单元结构框架指向迁移应用。三层单元结构框架使师生能从知识框架、学科方法和素养落点的三个角度，明确知识间的联系、认知方法，梳理应用前知识和前认知去解决新情境下的物理问题，促进知识的整合，提高迁移能力。

第二条通路是设计真实任务,物化学习成果。强调每单元要应用学到的知识来解决单元任务,并以小制作、小作品、实验报告、学习报告的形式展示出来。学以致用,知行合一。

接下来以"力"单元为例,说明双向通路对单元的统摄作用。

通路一:从三层单元结构框架分析迁移通道

首先,分析"力"单元结构框架(见图1-8)。

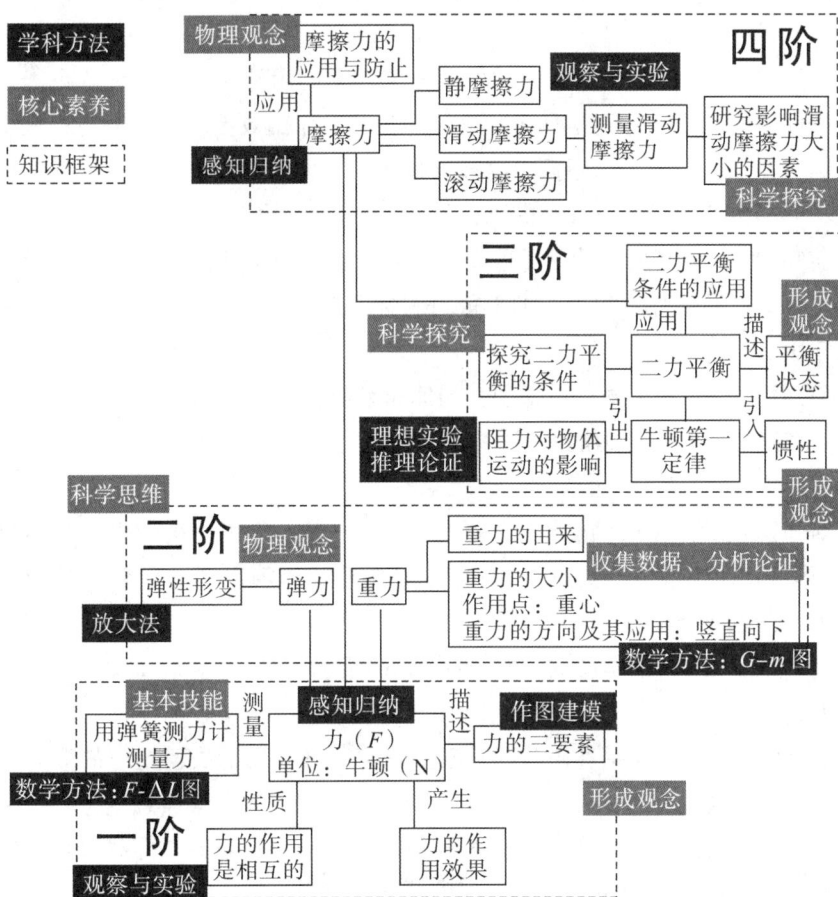

图1-8 "力"单元三层结构框架

图1-8是"力"单元的三层结构框架,知识层面不再赘述。在学科方法的层面,"力的概念""摩擦力的概念"均用到先感知后归纳概括的方法;"重力和质量的关系"和"用弹簧测力计测量力"都需要从数学图像中寻找物理规律;牛顿第一定律的教学要让学生经历理想实验和推理论证思辨过程;弹力

的概念要通过放大法观察到微小形变。

从素养层面来看，最上位的观念是建立运动与相互作用的观念。本单元从力的相互性、三种基本力的层面，作为相互作用的观念的基础。在科学思维层面，滑动摩擦力的影响因素体现控制变量法、弹簧测力计的原理体现转化法、牛顿第一定律的获得体现理想实验和科学推理等。科学探究方面有两个基本的实验：探究二力平衡的条件和探究滑动摩擦力的影响因素。

其次，分析框架图，寻找前知识和前认知，梳理关系，强化知识间的整合和联系。

前知识1：力的三要素、力的作用效果、力的示意图。后知识：重力、弹力、摩擦力的三要素分别是什么？可能产生什么作用效果？三种力的示意图怎样绘制？在重力、弹力、摩擦力的教学过程中，要体现力的三要素、力的作用效果、力的示意图等和三种力的分析。

前知识2：弹簧测力计测量重力。后知识：二力平衡的应用。在二力平衡的应用环节，回忆弹簧测力计测量重力的学习过程，并指出这就是二力平衡的一种应用。

前知识3：二力平衡。后知识：匀速拉动物体，用弹簧测力计测量滑动摩擦力。在进行滑动摩擦力的测量的实验时，回忆二力平衡知识，并以此为原理设计实验。

前知识4：牛顿第一定律。后知识：二力平衡。二力平衡的引入是通过对"牛顿第一定律中物体不受力"的分析，引导学生推演出"不受力"是指"受平衡力"的情况。

前认知方法1：数学图 $F-\Delta L$ 构建弹簧测力计的原理。后认知方法：数学图像 $G-m$ 构建重力与质量的关系以及初步构建 g 的概念。

前认知方法2：在感性体验的基础上，用归纳、概括法建立力的概念。后认知方法：在感性体验的基础上，用归纳、概括方法建立摩擦力概念。

最后，挖掘本单元中前后知识的联系，找到迁移的通道，再破除知识的碎片化教学，促进单元的整体教学，利用综合的思想来解决问题。

通路二：以单元真实任务物化学习成果

首先，设置"力"单元的真实任务并在单元课时安插真实任务（见图1-9）。

单元"力"的真实任务：拔河比赛如何获胜？在每个课时的学习中利用拔河比赛的真实情境，应用知识解决相应的小问题。

```
                    ┌─ 7.1  力 ──────── A、B两班同学进行拔河比赛,手拉绳子的力
                    │                   的施力物体是什么?受力物体是什么?A班同学
                    │                   对B班同学是否有力的作用?
                    │
          拔        ├─ 7.2  重力 ────── 重心下移是否对拔河比赛有影响?
          河        │
          比        ├─ 7.3  弹力 ────── 人对地面的压力为多大?
          赛        │
          如        ├─ 8.1  牛顿第一 ── 拔河比赛中,一方突然放手,另一方如何
          何        │      定律        运动?为什么?
          获        │
          胜        ├─ 8.2  二力平衡 ── 拔河比赛中,双方处于势均力敌状态僵持静
          ?        │                   止,请分析双方队员的受力情况
                    │
                    ├─ 8.3  摩擦力 ──── 影响拔河比赛的关键力是什么?怎样增大它?
                    │
                    └─ 应用课 ───────── 用控制变量法探究拔河比赛如何获胜
```

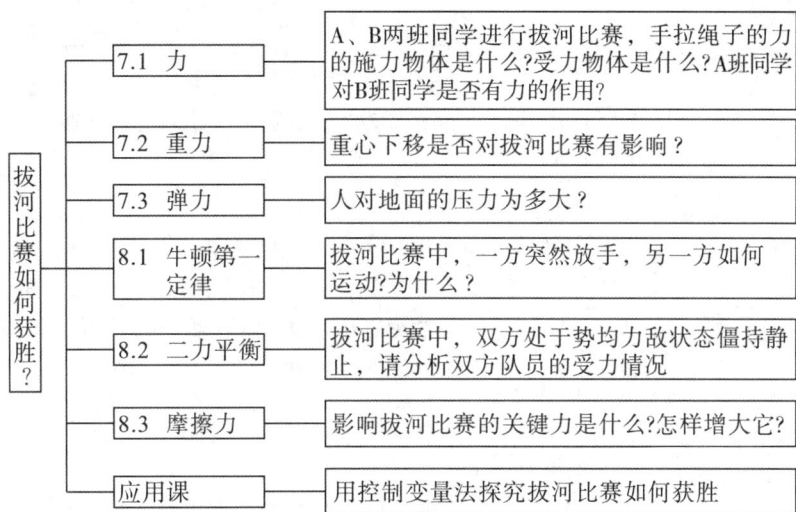

图1-9 "力"单元真实任务的分解及在课时教学中的体现

其次,物化"力"单元的成果。

在物化学习成果的教学过程中,也需要教师设计进阶式的教学活动来完成,而不仅仅是学生展示和输出。在"力"单元的应用课中,学生首先通过弹簧测力计和木块实验测量最大静摩擦力。其次,在木块上增加砝码,发现当压力增大时,最大静摩擦力也增大;当接触面变粗糙时,最大静摩擦力也增大。从而学生猜想拔河比赛中,获胜的关键是鞋底与地面的最大静摩擦力。教材中没有最大静摩擦力的内容,但学生在学习和实验过程中,已经接触最大静摩擦力的相关知识。最后,通过控制变量法体验拔河比赛及分析结果,使知识得到应用和深化。实验报告的撰写和分享体现了学习成果物化的过程。

表1-2 "拔河比赛如何获胜"应用课教学主线设计①

教学内容	师生活动
从理论层面推导静摩擦力如何测量。	教师展示情境:用手推讲台却没推动。 学生画物体的受力分析图并展示。 结论:物体处于静止状态,静摩擦力随外力的增大而增大,并等于外力。

———————————

① 本教学设计案例来源于汕头市新溪中学周树君老师。

（续上表）

教学内容	师生活动
实验验证。	教师展示问题：目前有木块、弹簧测力计，你能通过实验来验证以上结论吗？ 学生设计、完成实验并拍摄小视频。 学生展示实验视频：用弹簧测力计拉动木块，但木块静止，拉力不断增大。但增大到某个最大值后，木块运动，拉力减小后不变。 结论：静止时，静摩擦力随拉力增大而增大，达到最大静摩擦力，物体开始运动，此时物体受到滑动摩擦力，且滑动摩擦力保持不变。
最大静摩擦力的影响因素。	学生分别在木块上加砝码测量最大静摩擦力及在木块下端贴上砂纸测最大静摩擦力。 结论：压力越大，接触面粗糙程度越大，最大静摩擦力越大。
拔河比赛的关键因素分析。	人与地面的最大静摩擦力是获胜的关键。
运用控制变量法进行拔河实验。	活动1：测量队员体重并分组； 活动2：通过穿袜子和穿球鞋改变粗糙程度，探究对拔河比赛的影响； 活动3：通过体重不同的队员改变压力，探究对拔河比赛的影响； 活动4：探究队员重心高低对拔河比赛的影响； 活动5：探究各队队员的拉力是否在同一直线上对拔河比赛的影响。 （活动结束后撰写活动报告）

在表1-2的案例中，用拔河比赛的真实情境串联单元间的知识，强调用多种知识和综合能力解决真实问题，探索事物的本质，培养思维能力，学以致用，知行合一。

三、教学思想

我的教学思想与专业成长和工作经历密不可分，是在实践和总结的过程中，更新迭代，逐渐形成。通过梳理和总结自己的教学和教研实践，我提炼了自己的教学主张，并逐步凝练出自己的教育思想，即"探物思理　知行合一"（见图1-10）。

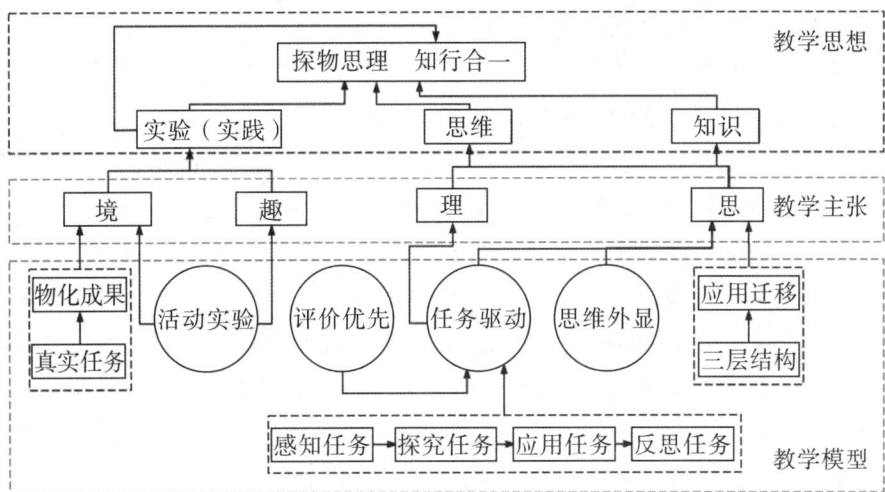

图1-10 "探物思理 知行合一"教学思想

（一）"探物思理 知行合一"教学思想的内涵

首先，物理教育的三个关键词是实验（实践）、思维和知识。课堂教学中应审视学生是否经历了实验的过程，是否促进了思维的进阶，是否学会了物理知识。

其次，"探物思理"中的"探"指实验，"思"指思维。我认为物理教育应在做中学，教师应设置学习进阶的教学任务来培养思维，让学生经历实验探究的过程，他们才能理解物理知识、提高思维能力，会迁移、能应用，会学习、能学会。

再次，"知行合一"中的"知"指知识，"行"指实践。究其内涵，一是学以致用，学会的知识和学习过程中建立的思维认知方法，能应用于新的情境，解决新的问题。二是行促新知，在应用知识解决问题的过程中，产生新的问题和对事物新的认知，能促使学生产生学习动力和能力，通过学习新知识解决问题。

最后，我的教学思想中蕴含着基本的育人观：真知来源于实践，服务于实践。学物理就是要学会基于事实来讲道理的做人准则，学物理就是要理解、改造、创造新事物。物理教学更应在立德树人方面体现学科特色下的学科价值。

（二）"探物思理 知行合一"教学思想的风格特色

在践行这一教学思想的摸索中，我形成了自己的教学主张——趣思共生，境理相融，同时这也是我的教学风格。

趣——在教学导入或应用环节要呈现有趣的实验。中学生的心理特点之一是好奇心强。生动有趣的教学是优质课堂的重要指标之一。我追求教学的生动性，备课过程中我会打磨语言，尽量用易懂幽默、生动有趣的语言来表达。实验是物理学科的特点，有趣的实验是培养学生学习兴趣的关键。在导入环节，我会创设有趣的实验或实验游戏，让学生带着浓厚的兴趣学习；在应用环节，我会设计闯关小游戏让学生学以致用；在作业环节，我还会布置实践类小制作和小实验作业。用有趣的实验，让我的课堂充满生机和活力，让学生爱上物理。

思——教学要突出思维的提升。仅激发学生兴趣是不够的，教学中还应培养学生的学习能力和学习动力，让学生具备知难而进、坚持不懈的品质。顾明远先生说："教育的本质是培养思维，培养思维的最好场所是课堂。"是否体现学科思维是一节课是否有教学效果的关键。中学生的另一个心理特点是好胜心强，我的教学突出思维引导。利用问题链、闯关任务唤起学生的好胜心，使学生在解决问题的过程中，有存在感、获得感、成长感。课前，我会对单元中的课时内容进行知识框架分析、思维方法分析和素养关联点分析，寻找知识和认知的前后关联。课中，将前后知识和认知进行关联，带领学生回忆前认知，用来解决新情境下的新问题，促进迁移的形成；设计进阶任务，通过任务驱动知识的学习，让学生经历理解、应用、分析、综合的过程，使学生的思维从低阶走向高阶；在分析、讨论、分享、总结的过程中，提高学生的学习能力和培养学生的学习动力。

境——教学需要创设情境和真实任务，突出实验教学过程。单元教学的首节教学，我会设置单元大任务，明确学习目标；课时教学导入，同样要设计真实情境，通过感性的认识，引导教学。情境包括"生活实践情境"和"学习探究情境"，我将学生在学习过程中经历的探究实验、演示实验、测量实验等过程，都归结为学习情境，物理教学要体现实验教学。我的实验教学，引入部分可以是小实验或小游戏；探究部分可以是定量实验和定性实验；应用部分可以是习题实验化教学或小游戏实验；作业部分可以是实践作业、实验作业。实验教学是物理教学的灵魂，在实验中培养学生的动手能力，同时培养其思维，才能达到核心素养落地的目标。

理——物理知识，指事物遵循的规律。用有趣的实验导入，用定性实验和定量实验帮助学生理解事物的本源，带领学生探索事物遵循的规律，在探究的过程中体现进阶的思维，培养学生对物理的兴趣以及学习的内驱力，最终教会学生解决物理问题，提升其核心素养。

"趣思共生，境理相融"的教学风格激发了学生的学习兴趣，培养了其动手能力，提高了其思维能力，又令学生在进阶式的学习任务中，锻炼了学习能力，培养了学习动力，养成了勇于挑战、坚持不懈的学习品质。

（三）"探物思理 知行合一"教学思想的实施路径

由于单元教学设计是对知识的重组和整合，同时依赖课时教学来完成，我提炼了单元教学（含课时教学）"双向四轮"教学模型，以此来支撑和体现"趣思共生，境理相融"的教学风格。

1. "双向四轮"单元教学模型

首先，单元设计应体现从单元整体的外环到课堂教学的内环的各环节，最终达到学习进阶的目标；其次，单元教学备课应设计从真实任务到成果物化、从三层结构到迁移应用的双向通道；最后，单元教学的课时教学应从活动体验、评价先行、任务教学和思维外显四个层面实施。该模型的具体说明可见后文第三章第四节。

2. 任务驱动式教学模式

我借鉴了余耿华老师的"闯关教学"模式，通过任务驱动实施课堂教学。具体模式是：感知任务—探究任务—应用任务—反思任务。

"感知任务"环节，通过有趣的实验或实验游戏导入，吸引学生兴趣，让学生对物理概念或规律进行初步的感知。这个环节体现物理课程的"趣"；"探究任务"环节，通过实验探究、理论探究等探究性任务，带领学生对物理概念和规律进行探究。在探究实验环节，尽量以先定性实验后定量实验的顺序进行教学活动，实现学习的进阶。此过程突出思维和实验，即"思"和"境"；"应用任务"环节，即运用学到的物理概念或规律解决问题，从解决真实问题的角度来设计这个教学环节，从解题走向解决问题。这个过程突出规律的应用，即"理"；"反思任务"环节，是从学生的获得与成长出发，让学生归纳总结本课学到的内容，提升元认知水平。

第二节 "探物思理 知行合一"教学思想的理论基础

《义务教育课程方案（2022 年版）》（以下简称《方案》）和《义务教育物理课程标准（2022 年版）》（以下简称《课标》）的颁布，对初中物理教学提出了新的要求，带来新一轮的教学改革。我通过对《方案》和《课标》的学习和梳理，抓住课堂的关键点和切入点，以此作为"探物思理　知行合一"教学实践与创新的理论基础。

一、《方案》的重要表述

《方案》中指出，课程标准的主要变化如下：一是强化了课程育人导向，体现正确的价值观、必备品格和关键能力的培养要求；二是优化了课程内容结构，遴选重要观念、主题内容和基础知识，设计课程内容，设立跨学科主题学习活动，强化实践性要求；三是研制了学业质量标准，为教材编写、教学实施和考试评价提供了依据；四是增强了指导性，在"内容要求"中提出"学业要求""教学提示"，注重实现"教—学—评"一致性；五是加强了学段衔接。

关于课程的实施，《方案》中明确指出要深化教学改革，改革内容包括以下几方面：一是坚持素养导向；二是强化学科实践，注重在"做中学"，注重实施情境的创设；三是推进综合学习，探索大单元教学，积极开展主题化、项目式学习等综合性教学活动，促进学生举一反三、融会贯通，加强知识间的内在关联，促进知识结构化；四是落实因材施教，创设以学习者为中心的学习环境，凸显学生主体地位，提高学生自主、合作和探究学习能力，使其形成良好的思维习惯。探索线上线下深度融合，服务个性化学习。

关于改进教育评价，《方案》中指出：一要更新教育评价观念，强化素养导向，注重对正确价值观、必备品格和关键能力的考查，开展综合素质评价；二要创新评价方式方法，注重对学习过程的观察、记录与分析，倡导基于证据的评价；三要注重动手操作、作品展示、口头报告等多种方式的综合运用，推进表现性评价；四要提升考试评价质量，促进"教—学—评"有机衔接，提高作业设计质量，优化试题结构，增强试题探究性、开放性、综合性。

二、课改的方向和抓手

（一）核心素养落地

更新物理教育理念，树立核心素养观。从三维目标走向核心素养目标，从物理观念、科学思维、科学探究和科学态度与责任的角度对课堂教学目标进行设定。教学内容和教学设计应根据素养目标进行结构化设计，并将核心素养是否达成或落实作为检验教学有效性的标准。

（二）课程内容的优化

将原课标中的"必做实验"分为两类，分别是测量类和探究类实验。同时增加了跨学科主题，分别是物理学与日常生活、物理学与工程实践、物理学与社会发展三个二级主题。为教学提供了跨学科的教学标准——应从这三个主题去设计跨学科实践，且物理知识应占跨学科实践的 70% 以上，而非"乱跨"或"多跨"。

（三）"教—学—评"一体

对于《课标》中的每一个主题，分别从"物质""运动和相互作用""能量"三个主题阐述了内容要求（教什么）、学业要求（教到什么程度）、教学提示（怎样教、怎样引导学），体现了"教"和"学"。而《课标》在"学业质量"部分，同样对"物质""运动和相互作用""能量"进行了学业质量描述。

"学业要求"和"学业质量"前后呼应、一脉相承。"学业要求"是关于评价与考试命题的建议。"学业质量"指学生在完成课程阶段性学习后的学业成就表现，反映核心素养要求，是教材编写、教学实施和考试评价的依据。两者分别从物理观念、科学思维、科学探究和科学态度与责任进行了"物质""运动和相互作用""能量"三个主题的四维分解。

"教学提示"分别从"教学策略"和"情境素材"角度提出教法和学法的建议。同样，教学策略是从物理观念、科学思维、科学探究、科学态度与责任这四个维度进行主题内容的梳理，备课时研读这部分的内容，对梳理单元知识框架、思维方法，使核心素养落地有重要意义。

（四）单元教学设计

传统教学中，知识的教授分章分节进行，易造成学生习得知识碎片化，使学生的学习"只见树木，不见森林"。《课标》要求，教师应通过对课程主题的总体把握，整合知识，注重知识与技能、方法的联系，对课程的内容解构后重组，形成结构，使学生的学习"既见树木，又见森林"。同时教师应注意培养学生形成迁移能力，引导学生在复杂情境中，整合已有的知识、认知经验和关键能力解决综合问题，在此过程中，培养核心素养。

（五）设计评价任务

传统教学重教不重学，教与学疏离，忽视对学习效果的考查。"教—学—评"一体的课程要求，从学生是否学会的角度考量课堂教学有效性，在备课环节，教师就需要进行"评价任务"的设计。"评价任务"的标准，即"学会"的证据。教师应具备证据意识，观察学生的学习过程，创设学习活动，从学生是否完成实验设计方案、能否有效进行实验操作、能否正确分析数据等方面，来评价核心素养的四个维度是否达成，从而检验课堂教学的有效性。

（六）创设有效的学习型课堂

"学"大于"教"。创设学习型课堂，使学生在完成学习任务的过程中，经历自主学习、主动思考、探究实验、合作讨论等过程，从而培养学习兴趣和学习动力。在学习型课堂中，教师应逐步锻炼学生将前知识、前认知、前经验应用到新情境、新问题中，最终解决新的问题，培养学生的迁移能力与坚持不懈的学习习惯，使学生逐步形成正确的价值观，锻炼学生的必备品格和关键能力，从而体现《课标》要求的育人导向。

（七）实验教学的新探索

初中物理课程是一门以实验为基础的自然科学课程。重视实验教学是老生常谈的话题，新探索应关注如何设置进阶式实验来提升学生的能力水平，以及如何在实验教学中实现学生思维的进阶。不能为了实验而开展实验，或只教实验不重思维。物理教学应是知识、实验、思维三者的有机整合，基于这个前提，教师可进一步探索实验教学的新方式。

（八）信息技术支撑深度学习

传统教学以信息技术辅助教学，但新课标带来了新理念。迅猛发展的信息技术为线上线下混合教学提供了技术支持，为教师及时掌握学情、调整教学提供了便利，也为学生个性化学习提供了渠道。信息技术为实现多样化的育人目标提供了诊断、帮助和支撑。在信息技术发展的背景下，教师应树立更新的教学理念——以信息技术拓展学习的时间和空间，支撑深度学习。初中物理教学应在该理念指导下，探索相应的方法和做法，形成模式。

笔者希望通过课堂教学实践与创新，紧扣以上八个方面展开探索与实践，总结相关经验，形成相应的理论，并通过案例分析，为课改和教改提供参考。

第二章　学生资源的开发与利用研究

第一节　研究概述

目前，在初中物理教学各环节中，学生资源得不到足够重视，挖掘和利用学生资源来开展初中物理教学是实现物理深度教学以及教学有效性的重要方向。

一、概念的界定

1. 学生资源

学生资源是一种课程资源，指在教学过程中，课内外表现出的可被教师利用的，有利于实现教学目标的学生的体力、智力与情感等因素的总和，包括知识、技能、能力、品性等。课堂教学中的学生资源指来源于学生，通过师生、生生互动而生成的资源，包括学生出乎教师设计意图的提问或回答、课堂中突发的事件或学生的特殊表现等。

2. 开发和利用学生资源

开发指在教学中捕捉并挖掘学生资源，使之显现出来；利用指教师在教学过程中使用手段和方法使学生资源发挥效能，并服务于教师的教学，促进学生的发展。开发和利用学生资源不是割裂的，而是互相渗透影响的。

3. 如何评估学生资源的开发和利用

通过调查问卷进行以下几个方面的调查，可评估学生资源的开发和利用的情况：①教师在不同课型，包括概念课、规律课等课堂中提问和追问时对学生资源的利用情况。重点研究教师在教学过程中是如何利用学生元认知，使学生产生想法，发展想法，形成思维，归纳总结出规律、定律和学习方法。②学生在做习题和应用规律解决问题时形成的资源情况。通过调查，从学生资源的角度审视学生的学习习惯、解题方式、学习能力。③教师在讲评课中对试卷、习题资源的利用情况。试卷讲评课是针对学生考试后卷面呈现情况，分析发现问题、挖掘问题、利用问题、发展问题、解决问题的重要机会，可对此开展调查，研究教师如何利用这类学生资源。

二、研究背景

（一）国内背景

当前新课程改革积极倡导关注学生，物理课程也在积极地促进学生物理学科核心素养的养成和发展。但是，不少一线物理教师仍过于关注课堂中教师的教，而忽视学生的学，导致出现教师已经讲得很清晰而学生却依然不理解的现象，课堂教学的低效和无效应该引起重视。教师与学生在课堂教学上相对疏离。学生作为重要的教学资源长期得不到重视，因此学界应加强重视学生资源的持续开发与有效利用。2021 年，中共中央办公厅、国务院办公厅印发了《关于进一步减轻义务教育阶段学生作业负担和校外培训负担的意见》（以下简称"双减"），学生的作业负担减轻，但对教学质量的诉求却没有消失。实行"双减"的同时应做到"双高"，即高质量的作业设计与考试命题，以及高质量的课堂教学。对学生学情的精准分析、作业的精心设计、高效的教学和适切的评价，是"双减"背景下对教育教学的新诉求。从学生资源的开发与利用的角度，探索"双减"背景下的物理教育教学，具有重要意义。

（二）国际背景

发达国家如美国、英国、澳大利亚等无论在政策还是在课堂教学实践中都特别强调对学生的关注，70% 左右的学术论文和硕博士学位论文，都是围绕学生的概念、思维、态度等主题展开，相比而言，我国教育研究领域对学生的关注仍显不足。

学生资源的开发是新课程改革的需要。新课改强调对生命主体的关注，在这一理念下，教材不再是唯一的课程资源，学生的现实生活是教师进行课堂教学的现实依据，学生已有的知识结构、兴趣、爱好是教学的起点也是教学最大的动力。[1] 开发和利用学生资源，并在物理课的各种课型中应用，学生在教师

---

① 沈建民. 教师的课程意识与专业成长 [M]. 杭州：浙江大学出版社，2009：111.

的引导下参与，能获得成长感和成就感，能有效激发和调动学生的内驱力，使学生更努力地学习。学生资源的利用是物理课堂教学的重要手段。《课标》中提出：要重视课程资源的开发、整合与利用。学生资源作为一种重要的人力课程资源，在教学中有重要作用。学生的疑问、思考、猜想都将成为可供教师利用的教学参考资料。学生资源的应用，也会激发教师教学的动力，物理课堂的资源来源不是仅有教材，由于学生资源是动态的，可被观察到的，加以开发就成了物理课的课程资源。例如，学生家里在装修，需要怎样布线，需要安装什么规格的电能表……这些来源于学生资源的情境，可成为教学的素材。教师加以利用，设计成项目式学习，或者设计成应用课，学生学习此类课程，能灵活运用所学知识，有效解决生活中的物理问题，使解题走向解决问题。

但遗憾的是，学生资源尚未引起足够的重视，同初中物理课教学相结合的学生资源研究更是少之又少。笔者检索知网，与"学生资源"有关的文献有1 485篇，再加上"物理教学"这个关键词，仅有4篇，说明对物理教学中学生资源的研究还是非常薄弱的。研究初中物理教学过程中学生资源的开发利用问题，有一定的理论意义。

在上述国内外教育背景下，本章借鉴国内外研究成果，立足本土物理课堂教学，侧重学生资源的开发和有效利用，以期推动广大物理教师研究课堂，研究教学，研究学生。

三、国内外研究现状述评

（一）学生资源概念界定综述

自新课程改革实施以来，学者们对于学生资源给予了广泛的关注，学生资源的概念提出后，诸多学者对此进行了界定。陈惠英认为："学生资源有广义与狭义之分。广义的学生资源是指在课内外表现出的、可被教师利用的、有利于教学的学生已有的知识或经验等；狭义的学生资源是指在课堂教学中来源于学生，通过师生、生生互动而生成的资源，包括学生出乎教师设计意图的提问或回答、课堂中突发的事件或学生的特殊表现等；表现形式包括学生的语言、行为和情绪以及有一定课程意义的氛围、环境、信息和机会。"[1] 陶月仙提出学生资源是来源于学生的课程资源，其中包括学生的知识、经验、感受、困

---

[1] 陈惠英. 课堂中的学生资源［M］. 北京：中国轻工业出版社，2006：5.

惑、问题、创意、情感态度、价值观等。钱蓉在《解读政治学科在新课改背景下的学生资源》一文中明确指出，凡能够引发师生对生活、知识加以思考和探究，以及来自学生方面的信息，都可以理解为学生资源。其中主要包括：①学生已有的知识和原有的生活实践经验；②师生在教学互动过程中形成的质疑、心智的撞击；③学生方面传递的信息，如思维方法、评价方式等。[1]

可以看到，关于学生资源的概念界定已有一定的研究，但具体到物理学科的学生资源的概念界定，目前尚未有学者予以深入系统的研究。

（二）国外学生资源研究概述

在国外，在杜威（John Dewey）的教育理论影响下，教育者将学生的经验、兴趣和学生之间的差异视为有效提高教学效率的课程资源。David Hammer在物理学科教学中阐述了学生资源的可利用性，指出开发利用学生资源有利于激发教师的教学动力。他指出：教师的教和学生的学是相互作用的，教师在教学过程中需要学生及时的反馈，无论是好的还是坏的，只要学生做出反应，教师就能够清楚地看到学生在与教师互动，如果在教师讲授的过程中，学生产生疑问，并且告知教师，教师就能够在第一时间调整思路。如学生给予教师积极肯定的回馈，教师就可以观察到学生的思维在高速地运转，能够感受到与学生思维碰撞的愉悦，学生的各种言行表现都能激发起教师继续进行课堂教学的动力，会觉得课堂氛围无比轻松，时间也过得飞快。这种感觉能够让教师寻找到教学的动力[2]。

Nate McCaughtry 等人从教师专业发展的角度指出，每个学生对事物的观点都是独一无二的，在教学过程中让学生充分发挥其想象力，会给教师带来无尽的灵感。这种灵感可能是学生不经意间的一句话、一个动作，这些都是可资利用的学生资源，都有可能让教师顿悟，从而改变教学方法，提高教学水平。[3]

瑞士学者梅尔斯、凯姆和萨姆在研究中指出，如果在某项考试中，学生做错了某个题目，可能会对此有更加深刻的记忆，同时这样的记忆给学生自己提

---

① 钱蓉. 解读政治学科在新课改背景下的学生资源 [J]. 现代中小学教育，2007（4）：7 – 10.

② HAMMER D. Student inquiry in a physics class discussion [J]. Cognition and instruction，1995，13（3）：401 – 430.

③ MCCAUGHTRY N，BARNARD S，MARTIN J，et al. Teachers' perspectives on the challenges of teaching physical education in urban schools：the student emotional filter [J]. Research quarterly for exercise and sport，2006，77（4）：486 – 497.

供了特殊记忆方式和方法。艾琳娜·阿彻则指出，无论处于何种学习阶段，我们都应强调建设可控制的课程空间，用来合理安排学生资源，学生能够在所从事的活动中创造自己的文化，在日常生活中，无论参加何种项目都能从中发现独具他们特色的文化，这就是宝贵的学生资源。

可以看到，国外研究者从不同角度阐释了学生资源的重要性与利用角度，值得我们结合本土化特色与物理学科特色进行深入系统的研究。

（三）国内学生资源研究概述

近年国内出版的有关《课标》的文献逐步重视学生资源，例如，《〈基础教育课程改革纲要（试行）〉解读》对教学资源进行了新的阐释，明确指出：学生资源是生命载体形式的素材性资源。钱蓉《解读政治学科在新课改背景下的学生资源》一文对学生资源的内容进行了界定。王素霞研究了学生资源的特点，提出学生资源具有多样性、差异性、待开发性、动态性、易用性等特点，并从表现形式上将学生资源分为认知类资源、情绪类资源、行为类资源，从形成方式上将学生资源分为基础性资源和生成性资源[1]。

有部分国内学者从学科的角度对学生资源的开发与利用进行了细分的研究。例如，谢琳从思想品德课的角度对学生资源的开发与利用进行了阐述，认为教师应营造良好的课堂氛围，以师生平等互动等策略来催生生成性资源[2]。项慧萍指出在课堂教学中要通过"课堂的动态生成来挖掘学生资源；学习方式的变革来激活学生资源；教学方法的改进来激发学生资源；评价方式的多样化来调动学生资源"[3]。常文从化学课程的角度提出"利用自主协同式教学理论来提高学生资源的利用效率"[4]。梁书兰指出在英语课堂教学中应利用"创设轻松活泼氛围，英语教学与现实生活和社会实际相结合，师生互动和生生互动，让学生来探索体验等方法"[5] 挖掘学生资源。

综上所述，一方面，关于学生资源的开发与利用，现有研究大多认为开发与利用两者是紧密联系在一起的，互相渗透、互相影响，不能割裂开来；开发

---

① 王素霞. 关注学生资源 构建生命课堂：对一节研讨课的反思［J］. 学周刊，2014（29）：5.
② 谢琳. 论思想品德课教学中学生资源的开发［D］. 济南：山东师范大学，2011.
③ 项慧萍. 试论思想政治课教学中学生资源的开发与利用［D］. 福州：福建师范大学，2007.
④ 常文. 开发和利用学生资源的课堂教学探讨："卤素"一章的教学研究［D］. 上海：华东师范大学，2008.
⑤ 梁书兰. 学生资源在高职英语教学中的开发和利用：以德州科技职业学院为例［D］. 上海：华东师范大学，2011.

是利用的前提，利用是开发的目的，开发中渗透着利用，利用中掺杂着开发。但这部分的研究，特别是物理教学中学生资源的开发和利用的研究目前还处于起步阶段，还停留在通识、宏观指导、呼吁的层面上，一线教师的实证研究很少，也缺乏可操作的学生资源的开发与利用的案例。另一方面，专门论述教学中学生资源开发与利用的文章还极少，具体到物理学科，学生资源的分类、各种物理课型中学生资源的有效利用等内容，国内还鲜有深入系统的研究。因此，本章拟针对上述研究的不足做进一步的探索。

四、研究的理论依据

（一）元认知理论

元认知既是认知主体对自己的心理状态、能力、任务与目标、认知策略等方面的知识，又是认知主体对自身各种认知活动的计划、监控和调节的过程。从元认知的角度来考虑，学习过程不仅是对所学材料的识别、加工和理解的认知过程，同时也是一个对该过程进行积极的监控、调节的元认知过程。因为在学习过程中，学生按特有的方式对信息进行编码、记忆，或者按自己的认知特点、认知风格控制自己的关注点，或按一定的思路解题。在教学实践中，由于"应试教育"的影响，许多教师往往更重视学生的学习结果，忽视了让学生主动对自己的学习过程、学习方法进行有效监控、评价及修改，也忽视了让学生对自己的学习结果进行及时的内部反馈。给学生以学法的指导，使学生掌握有效学习的方法，是使学生"会学"的前提和保证。学法指导包括很多方面，如怎样培养学习兴趣、形成良好学习习惯，怎样掌握科学用脑的方法以及怎样观察、记忆与思考，怎样搜集资料，等等，而其中指导学生总结对学习对象调控的方法及对认识的自身学习过程，则是一种较高层次的带有策略性的学法，这就是元认知的基本理论。

基于元认知理论，在教学过程中，教师需要以"学生是一种课程资源"的基本观点来关注课堂中发生的种种情况，包括学生在学习过程中遇到的障碍、对问题的理解、解决问题的巧妙方式或困难等，并加以捕捉利用，帮助学生"学会"和"会学"。元认知理论为如何开发和利用学生资源提供了方法。

（二）多元智能理论

美国哈佛大学教授、教育家霍华德·加德纳认为智力不是一种能力而是一组能力，不是以整合的方式存在而是以相互独立的方式存在的，人与人的差别，主要在于每个人所具有的智能组合不同①。个体身上存在着各自相对独立的，与特定认知领域或知识范畴相联系的至少 8 种智能，它们是：言语、音乐、空间、逻辑、身体、自知、交往和自然等智能。加德纳认为每个人的智力都有独特的表现方式，每一种智力又都有多种表现形式，因此，难以用统一的标准来评价一个人的聪明和成功与否，也不能说哪一种智力更重要，每种智力在个体的智力结构中都占有重要的位置，只不过表现的程度和方式不一样而已。他认为在正常条件下，只要有适当的外界刺激和个体自身努力，每一个个体都能发展和加强自己的任何一种智力。多元智能理论对我们的教育教学有很大的启示，能让教师建立更积极的"学生观"。世界上不存在谁聪明谁不聪明的问题，而是存在个体在哪一方面聪明以及怎样聪明的问题。每个学生都有自己的特点，作为教师应该全面认识学生，多角度观察学生。在教学中，我们应尊重学生的特点，善于挖掘，提供机会，对每个学生都寄予希望，为学生的发展搭建平台。

多元智能理论为学生资源的开发与利用提供了理论依据，课题研究应正视学生的差异，深层思考学生认知偏差、能力差异的原因，寻求合理的方式，创设学生任务，在不同的课型中通过自主学习、讨论、小组合作、分享展示等课堂活动，让学生形成必备品格、关键能力和核心素养。

（三）建构主义学习理论

建构主义认为，在具体问题的解决中，学习者需要针对具体问题的情境对原有知识进行再加工和再创造。对知识的理解，需要个体基于自己的知识经验而建构，还取决于特定情境下的学习历程。学习是学生自己建构知识的过程。学生不是简单被动地接收信息，而是主动地建构知识的意义。学习是学习者根据自己的经验背景，对外部信息主动选择、加工和处理的过程。个人头脑中已有的知识经验不同，对所接收到的信息的解释就不同。

建构主义学习理论的意义在于：教学不能无视学习者已有的知识经验，不能简单、强硬地从外部对学习者实施知识的"填灌"，而是应该把学习者原有的知识经验作为新知识的生长点，引导学习者在原有的知识经验的基础上主动建构新的知识经验。教学不是知识的传递，而是知识的处理和转换。教师和学

---

① 加德纳. 智力的重构：21 世纪的多元智力 [M]. 霍力岩，等译. 北京：中国轻工业出版社，2004.

生、学生与学生之间，需要共同针对某些问题进行探索，并在探索的过程中相互交流和质疑。

（四）学生资源利用与培养学生物理学科关键能力和落实核心素养的关系

新时代的人才需求确立了当代教育改革的主题———促进学生核心素养的发展。核心素养是学生在接受相应学段的教育过程中，逐步形成的适应个人终身发展和社会发展需要的必备品格与关键能力。必备品格和关键能力的培养，均需以具体的学科课程为载体，教师通过设计教学来促进学生发展。物理关键能力包含学习理解、应用实践和迁移创新三个维度，以及由此形成的一级指标和二级指标。核心素养的四个维度包含物理观念、科学思维、科学探究和科学态度与责任。学生资源的开发与利用，为培养学生的关键能力和核心素养提供一种可行的方式。

第二节　开发与利用学生资源的现状调查

一、初中物理教学中学生资源的开发与利用存在的问题

本节拟调查当前中学物理课堂教学中，各类学生资源的利用现状，为后续提出针对性的有效利用策略提供切入点与着力点。调查的技术路径见图 2 - 1。为了解教师对学生资源的理解以及在物理课堂教学中应用学生资源的情况，我们编写了一份调查问卷，问卷共有 20 道题目，分别对教师对学生资源的认识情况、应对情况、处理情况进行调查。共收到有效问卷 110 份，以下是调查反映的情况。

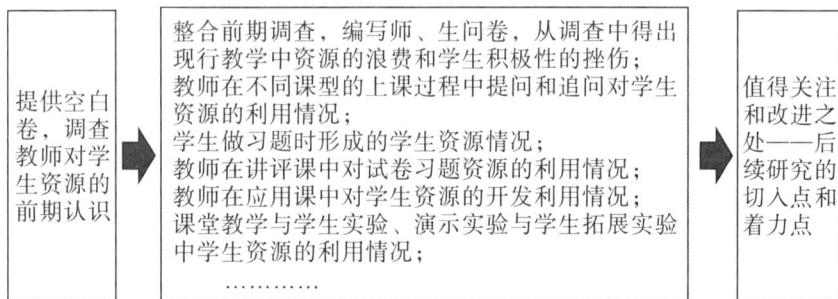

图 2 - 1　调查的技术路径

在针对教师的调查中，我们发现以下主要问题：

1. 教师对学生资源的认识情况

大多数教师认为应重视学生资源的开发。多数教师认为研究的背景是"双减"政策下对减负提质的新要求，而仅有39%的教师认识到"教与学的主次定位不合理，会导致课堂低效与无效"。

对于开发和利用学生资源的方法策略，教师们一知半解。55.56%的教师比较关注，44.44%的教师在努力实践。44.44%的教师认为这部分知识需要培训，50%的教师认为需要自己多钻研。

对于学生资源的内容，教师们普遍认为学生的实操实践作业、教学过程中形成的疑难点和错误、师生互动生成的资源、学生日常练习和考题、学生进入物理课堂前的知识和经验、学生的情感和兴趣都属于学生资源。但教师普遍认为自身对于前知识和前经验的分析能力不足。

2. 教师对学生资源的应对情况

94.4%的教师会在实验课开发和利用学生资源，但在概念课、复习课、规律课、习题课等其他课型上，只有38%～55%的教师会开发和利用学生资源。这说明教师对于这些课型缺乏相应的方法和有效组织课堂的策略。

只有27.8%的教师经常设置开放性物理问题，而大部分教师偶尔设置。原因是教师认为学生的回答会天马行空，影响教学进度。教师对如何应对生成性学生资源缺乏有效做法。

对于学生作业中出现的错误，39%的教师统一讲解所有错题；33%的教师讲解错误集中的题目。这说明对讲评课，教师的做法因人而异，没有达成共识。

3. 教师对学生资源的处理情况

多数教师都能意识到，充分考虑学生实际的课前教学设计、课堂捕捉学生资源、有效筛选学生资源、优化重组学生资源、课余活动中拓展学生资源是挖掘学生资源的实时环节。但94%的教师认为自己在利用学生资源方面的经验及能力有限。

仅有50%的教师认为"不断提问"是开发学生资源的方式，说明部分教师未意识到课堂教学中的"再问""追问""反问"等环节的重要性，也未掌握有效提问的方法。

对于收集优质学生资源的方法，多数教师认为实验操作比赛、学生进行实践操作并录制视频是获得优质学生资源的方法。只有55%的教师通过组织学生搜题、命题、进行"小老师"授课或研题评讲来获得该种资源；66.6%的教师选择了举办学生讲座和专题访谈形成小论文。这说明多数教师获得优质学生资源的方式较为单一，教学形式丰富多样化亟待拓展。

通过以上分析，我们认为应关注以下发力点：

（1）更新理念，创设以学为主的课堂。改变教师单向灌输的教学现状，课堂重视学生输出，摸索以学为主的课堂教学模式。

（2）分析学情，针对概念课、规律课、实验课探索学生认知类资源，即前经验、前知识的具体内容，并有效应对。

（3）总结习题课、讲评课、复习课有效利用学生资源的一般模式。

（4）对"小老师授课""学生论坛"等课堂形式做出初步尝试。

二、学生资源的分类

课堂中可开发利用的学生资源有：学生的疑难点生成的资源、学生的错误生成的资源、师生互动及生生互动生成的资源。学生已有的知识资源、学生的经验资源、学生的差异资源、学生的家庭资源，这些资源如何开发和利用，需要教师用心地观察和智慧地创造。

研究中学物理课堂教学中学生资源的分类（见表2-1），能够为后续针对性的调查和相应策略的提出，进行前期理论层面的铺垫。

表2-1 学生资源的分类

分类依据	分类	内涵
按照表现形式分类	语言类资源	包括学生的提问和回答
	行为类资源	包括学生的表情和动作等，如学生参与活动的体验
	认知类资源	包括学生对事物、概念、规律的前认知，如学生的经验、思维、获知的信息
	情绪类资源	包括学生在学习过程中的情绪特点，如学生的情感和兴趣
按照潜伏时间分类	携带式资源	指学生进入课堂前自身已存在但尚未表现出来的资源，如生活经验、认知差异等
	生成式资源	指课堂中通过师生互动、生生互动形成的资源，具有即时性

（续上表）

分类依据	分类	内涵
按照生成方式分类	主动资源	未经教师设计培养，由学生自觉或自发产生出来的资源。这种资源往往产生出来后才被教师关注。主动资源的产生往往不是教师所期待的、所能预料的，不能及时找到有效的处理方法。这类资源产生后，教师要对学生、环境、知识有较强的综合分析处理能力，凭借自己的个人素养、业务能力来处理
	被动资源	由教师刻意设计，营造特定的环境，提供特殊的土壤，学生在教师目的性极强的引导下激发出来的资源
按照存在状态分类	个体资源	单一学生资源
	集体资源	具有共性的一个学生团体的资源
	环境资源	学生所处片区的具有地域特点的资源，如本地的玩具生产企业集聚的镇区能提供大量电池盒、传送带等
按照性质分类	良性资源	易被教师处理，可被有效利用来辅助课堂教学目标达成，能激发学生思维、提高能力、培养良好学习习惯方法的学生资源，如学生的差异和错误，课堂中的偶发事件等，能被教师捕捉后利用
	不良资源	不易被教师处理，直接与教学目标相悖或不利于学生理解，影响教学合理进程发展的学生资源

通过以上学生资源分类，教师们明确了什么是学生资源，它有什么样的表现形式。通过分析和思辨，我们认为在课堂教学中较易被教师捕捉到及应正视的学生资源有以下几类：

（1）按照表现形式划分的四种类型，即语言类资源、行为类资源、认知类资源、情绪类资源。这几种类型比较容易被授课教师所注意到或观察到，毕竟学生语言表达、眼神交流等外显的特征，是很容易被教师察觉的。对于认知类资源，即学生对事物或概念的前认知，应被教师所重视，特别是备课过程中，教师应该全盘考虑，对教材了然于心，明晰学生目前的学情情况，对于新教师而言，这点尤为不易。而对于情绪类资源，即学生在学习过程中的情绪特点，常常容易被教师们忽视或漠视。例如学生上课是积极主动的、专注的还是被动的、消极的、紧张的，教师可能容易漠视。

比如，在任务式教学中，教师布置学习任务："请根据黑板上演示的条形磁铁粉的分布，在纸上画出磁感线模型。计时 1 分钟，开始!"某学生非常焦虑，一直在问同桌："怎么画? 怎么画?"

分析：任务式教学中，当学生对完成学习任务感到困难时，教师应该及时捕捉学生的情绪类资源，给予学习指导。

（2）携带式资源较难把握，由于每个学生都是独立的个体，每个学生的个人经验因人而异，面对大班教学，更应关注大多数，布置大多数学生能够共同完成的学习任务和活动，才能使课堂更高效。生成式资源和主动资源是师生互动形成的，教师可加以捕捉，及时调整教学策略，这需要教师具有较好的教学技术和丰富的经验，能够及时调整教学思路。这对于新教师而言比较困难，但对于项目式学习和研究性学习，开发和利用生成式资源具有重要意义。被动资源和上面说的认知类资源可以一同来考虑。学生对概念的前认知应被教师所获知，教师据此刻意设计出新的问题或教学活动，学生在教师目的性极强的引导下激发出来的学习情况，应再次被教师捕获并加以二次利用。

（3）个体资源、集体资源、环境资源、良性资源，这些资源都可以被教师在课堂或课后利用，但对于不良资源，教师应意识到何为不良资源，并有效应对，不让不良资源影响教学进度或学生对概念、规律的正确认识。

综上所述，除了不良资源和携带式资源，表 2 - 1 中的学生资源均可被开发和利用，特别是对认知类资源和被动资源的研究，对教学意义重大。

第三节　开发与利用学生资源的策略研究

一、研究路径

本节中，我们首先探索了学生资源的研发路径；其次，阅读了相关文献，进行前期思辨，提出开发学生资源的策略；再次，应用策略进行教学，改进教学；最后，通过教学案例呈现效果，不断优化教学，并对开发与利用学生资源的策略进行修正和改进。

二、路径研发

基于学生资源有效利用策略的指导，观察与评价真实一线物理概念课、规律课、习题课、复习课等不同课型中学生资源的有效利用的效果。教师要具有学生资源的意识，才能捕捉到学生资源。

主动资源的产生和利用：

学生资源显现→教师发现后捕捉→教师分析或学生分析、判断价值后利用。

被动资源的生成和利用：

在教师的有意激发下学生资源的开发→教师发现后捕捉→教师分析或学生分析、判断价值后利用。

三、探索策略

经过查阅文献和理性思辨，在教学中开展实践研究，通过不断修正与改进案例，形成了以下开发与利用学生资源的策略。

（一）转变教学理念，提高教师对开发与利用学生资源的认识

开发学生资源，必须转变教学理念，真正梳理学生主体的理念，以学生的能动性作为学生资源开发的着力点。课堂教学中，教师应该积极倾听学生的讨论、分享，观察他们的动手操作情况；教师应该注意到每个学生的个体差异，了解他们的兴趣和能力，以便更好地调整教学策略和资源。

（二）布置课前任务，挖掘学生资源

心理学研究表明，学习内容与学生熟悉的生活背景越贴近，越容易被学生接纳。因此，物理教学活动应以学生已有的生活经验为基础，无论是对概念的讲解，还是对规律的阐释，都应从学生熟悉的生活现象出发。首先，教师可以将学生已有的知识储备运用到新授课的新知导入环节，在新旧知识之间搭建桥梁，这不仅有利于调动学生的学习积极性，有助于学生把握新旧知识间的内在联系，理解并掌握新知识，也有利于增强学生关注生活、分析解决现实生活问题的能力。其次，教师应善于利用学生已有的知识储备资源，组织学生自学，对于学生自己能认知的则可一笔带过，这样既可以节省宝贵的课堂教学时间，又能锻炼学生自主学习的能力。最后，教师可结合翻转课堂，将部分学习任务在课前布置给学生，让学生完成实践类作业，教师再用教学终端收集学生学习结果；在课堂上教师可利用课前收集好的学习情况进行教学。有效开发和利用

学生已有的知识储备是高效课堂建设的重要途径之一。

例如，在教学杠杆的定义时，课前，教师布置实践类作业：学生收集杠杆图片或准备关于杠杆的小制作等。课上，教师让学生展示和演示，教师在直观、具象的演示基础上，与学生一起归纳总结出杠杆的共同特征：硬棒、绕着固定点转动，从而总结杠杆的定义，并在杠杆定义的基础上，讲授杠杆的五要素。

课前布置实践类作业，学生可获得对概念感性的认识，这些认识无论对错，都是可资利用的教学资源。教师收集该类作业成果，便初步了解了学生的学习情况，进而将之作为重要的教学资源加以利用。

（三）创设条件，开发学生资源

1. 创设情境激活

教师在课前预设某种情境，使学生产生积极的参与情绪，学生的"奇思妙想"和"信口开河"可成为教师授课灵感的生成性资源，学生在某些环节中显示出的优势和成就能成为鼓励学生的个体资源。

相比于旧课标，新课标的显著变化之一在于在每个主题下新增了"情境素材建议"模块，并在教学建议中明确提出"倡导情境化教学、突出问题教学"。创设与学生生活、社会发展密切相关的真实情境是引导学生理解物理概念、规律的基础，是知识通向素养的必要路径，是物理教学的重要环节。只要创设合适的情境，学生的潜能就会迸发出来。创设真实情境的方式多种多样，我们可以利用生活中的物理现象创设情境（例如徒手抓鱼往往找不准鱼的位置），还可以利用物理探究实验，或者借助多媒体技术创设虚拟情境。

案例："重力的方向"教学片段

教师：重力的方向是竖直向下的，所以树上的苹果会掉下来。

学生：老师，如果没有重力，那苹果是不是会飞起来？就像太空中的宇航员是飞起来的一样！

教师：是的！你考虑得很仔细！但你能进一步想想苹果是怎样飞的吗？往上飞？

学生：……

教师：如果往上飞，那苹果就应该受到一个向上的力了。可是，它有没有受到一个向上的力呢？

学生：没有！

教师：所以如果苹果既没有受到向下的重力，又没有受到其他力，那么它应该处于什么状态？

学生：静止！

教师：对的！这就是我们过些天要学的新知识——牛顿第一定律的内容。

在以上案例中，学生随口而出的奇思妙想——苹果在没有重力的情况下会飞起来。教师及时捕捉和利用这一学生资源，顺势而为，引出了知识点"重力的方向"，也在提问中纠正了学生的认识。

2. 搭建平台展示

分组讨论环节涌现出的学生差异性个体资源，在小组合作过程中得到利用，小组汇报展示又会以集体资源的形式出现，教师可以捕捉并利用。例如，在进行定值电阻和小灯泡电阻的阻值测量时，三次测量小灯泡的电阻大小不一样，学生在分享实验数据时发现了这个问题。"数值不一样会不会是误差呢？""那也不能相差那么远啊！""会不会是做错了，你们组会不会这样呢？"……当学生七嘴八舌讨论时，教师通过汇总几个小组的数据，让全班学生都发现了三组测量小灯泡电阻的数据不一样，教师引出"灯泡的电阻看来是变化的，所以灯泡的电阻不是定值电阻"的猜想，再引导学生猜想为何会这样，得到"灯丝的电阻和温度有关"的结论。

教师通过搭建平台，分享几组学生的数据结果的共性，引导学生在小组合作、讨论、分析中获得结论，充分利用了学生资源。

3. 教师巡视观察

教学中教师通过巡视能发现一些不易被发现的学生资源，如分组实验过程、课堂练习环节，都能发现"情绪类资源""认知类资源"和"良性资源"。

教师不仅是指导者、促进者，还是参与者，是学生最忠实的学习伙伴，这就需要教师与学生以最近的距离接触、交流、沟通。在教学过程中，随着教学的深入，学生在认知方面会发生各种各样的变化。这些变化是学生与课堂教学因素发生互动作用的重要表现，也是教师进行下一步教学的基础。教师应认真关注学生的一言一行、一举一动，走下讲台，走到学生中间，才能清晰地认识、理解、把握其内在的认知变化，才能发现和收集学生资源。教师在教室中来回走动，以一个"观察员"的身份巡视，寻找并收集学生的行为类资源、情绪类资源、认知类资源、语言类资源等。教师走下讲台收集资源之后，还要搭建平台让学生展示，给学生更多表现自己的机会，同时使学生学会互相欣赏，培养其多种视角看待问题的能力。

例如，在练习使用量筒和水测量铝块的体积时，学生用绳子缠住铝块放入量筒中。有的学生的绳子太短了，导致铝块落入量筒，损坏了量筒。教师及时发现问题，用同屏技术规范学生的实验操作，及时纠正错误。

4. 互动协作分享资源

学生资源不是孤立存在的，它的有效利用离不开与教师、课堂资源等的结合，更离不开学生集体的互动协作，特别是在进行物理实验时，更加需要学生积极主动地进行分工合作，进而有效落实小组合作学习。以小组合作为主的实验教学课堂上，因学生的个人想法存在一定差异，这时所涌现出的个体资源通常会在小组合作过程中得到利用，而在小组汇报或展示时又以集体资源的形式出现。因此，在进行物理课堂教学时，应多设计一些学生分组讨论交流、实验探究、上台展示等教学活动，在此过程中，学生的个体资源和集体资源不仅可以得到充分展示，学生的胆量和语言创造能力还可以得到锻炼，初中物理实验教学枯燥、无趣的现状也能被打破，这对学生探究意识的培养和合作能力的提升很有帮助。

5. 关注学习成果，开发学生资源

学生的学习成果也是一种学生资源，是教与学的反馈和研究对象。教育家陶行知先生提倡手脑并用的学习方式，他在《手脑相长歌》中写道："人生两个宝，双手和大脑。双手会做工，大脑会思考。用手又用脑，才能有创造。"而物理是一门以观察和实验为基础的学科，正需要学生用手又用脑，才能有创造有收获。物理课堂中学生资源的开发，可以布置学生课后完成实践类作业，即动手操作类型的作业，如小发明、小制作、物理课内外实验等。此类以学生亲身体验动手操作而生成的学生资源，既有利于学生把所学的课本知识转化为自己的知识，也有利于转化为相应的技能，是培养学生的实践能力和创新能力的重要渠道，是培育核心素养的重要方式和手段，也是"双减"背景下物理作业布置的切入点。

将学生的课后实践作品在物理教学中加以利用，进行二次开发，可以培养学生灵活应用所学知识解决实际问题的能力。如果是已学知识点，可以设计在复习或应用课上，让学生尝试并学会用已学知识来解释其他同学的实践作品中所应用的物理知识。例如，实践作品"消失的细菌"可以设计在"光的折射"这节课的教学中，同时可以设计与高中衔接的"光的全反射"的知识，在课堂中以知识小卡片的形式呈现，或在习题综合探究题中呈现。再如，学生的实践作品中"看得见的声音"，此标题一出现就很引人注目，激发学生兴趣，在"声音的产生与特性"的教学中，该实践作品可以贯穿整个知识框架，例如声音是由振动产生的、声音可以传递能量、如何由图像分辨声音的音调响度和音色等，此学生资源可以利用在新课教授中，也可以开发利用在复习课上。另外，还可以将在学生的实践作业中发现的操作、原理分析错误等问题开发成为物理课堂中的生成式学生资源，例如在学生连接电路的视频中出现忘记断开开关的操作，教师可以把这段视频开发作为电路教学设计中的一个例子来讲。对于在练习题中出现的"为什么某某同学连接电路时在接入最后一根导线时小灯泡立刻亮起来""为什么某某同学在探究电流与电压和电阻的关系时，移动滑动变阻器，小灯泡始终很暗且亮度保持不变"等问题，初中物理电学中的电路故障分析是重难点，教师可以通过实际直观的现象来简化题目中的复杂描述，引导学生总结分析故障原因，进而突破难点。

针对"双减"背景下学生资源在物理课堂中的开发，近年来龙湖区物理教研中心多次举办了趣味实验比赛、寒假物理课后实验操作比赛等初中物理课后实践类作业活动。调查比赛结果和学生参加比赛体验感后发现，此类比赛贯彻"从生活走向物理，从物理走向社会"的物理课程理念，让学生在亲身体验中真正认识到物理是有趣的、物理是有用的，由此也开发了学生的情绪类资源，切实提高了学生对学习物理的积极性。

（四）开发认知资源的策略——构建三级结构化框架

我们对各种课型进行实证研究，通过构建模型进行课例探索、修正和改进，并在此基础上总结提升。

深度学习理论指出，联想与结构是经验与知识相互转化的途径。作为一种学习方式的样态，联想与结构处理的是人类认识成果与学生个体经验的相互转化问题。课堂上的学生绝不是一张白纸，而是带着已有的经验来的。这些经验，有的是日常生活经验，有的是以往所学知识的内化并在生活中得以实践的经验。在教学之前，这些经验大多只是自在地存在着，因而需要教师的帮助以唤醒、改造，使之能够自觉得到应用，既辅助当下的教学，又进入新的结构并得到进一步提升。唤醒或者改造，使片面的经验得以条理化，错误的经验得以纠正，使自在成为自觉，这个过程称为"联想"。而将以往经验融入当下教学并得以提升、结构化的过程可称为"结构"。①

1. 何为三级结构化框架

三级结构化框架指进行单元教学设计时，教师应从三个结构着手设计，分别是：单元的知识结构、素养结构、思维与方法结构（见图2-2）。对单元进行梳理，建构三级结构化框架，就是教师对学生认知资源思辨的过程。

---

① 王力争，刘历红. 基于核心素养的结构化教学研究：以银川三沙源上游学校的实践探索为例[M]. 北京：中国社会科学出版社，2021.

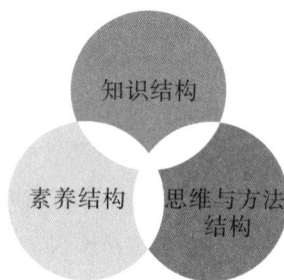

图 2 - 2 三级结构化框架

（1）知识结构：指单元的知识框架，即将知识间的联系通过结构图绘制出来。对知识进行结构化建构，就是寻找前概念、前认知与新概念、新认知之间的联系，帮助学生建立新认知时了解新知识的"前世"。而结构图的绘制，不仅仅是罗列知识点，也是为了寻找知识点间的联系，便于知晓学生的前认知。

（2）素养结构：寻找核心素养四个维度在单元中的强相关点，并在知识结构框架上表示出来，形成素养结构。2022 年 4 月《课标》颁布，提出了素养落地的要求，而学生核心素养的达成必须依托知识的教学，在学习的过程中，通过体验、经历、思索、建构、创造，进阶式地提升素养。核心素养与知识形成或知识应用过程的强相关度，便于物理观念的形成、科学思维的培养、科学探究的经历过程、科学态度与责任素养的落实。

（3）思维与方法结构：指学生在学习过程中使用的物理方法或思维方法，如"比值定义法""控制变量法""实验方案按需设计"等，这些解决问题所用的思路和方法，是学生的学习经验的形成、迁移和应用。梳理思维与方法在单元中的落点，同样是对学生认知类资源的获得和利用，便于形成思维迁移。

2. 如何开发学生认知类资源——进行知识、素养、方法三级建构

开发学生的认知类资源，关键在于厘清学生的前认知、前经验；用前认知、前经验来学习新知识，迁移前学习方法和经验，来构建学习新知识的方法，前者属于陈述性知识范畴，后者属于程序性知识范畴。从素养观的立场来审视前后知识的关联、教学的逻辑和教学的落点，达到核心素养落地的目的。

下面以"电功"为例，阐述如何进行三级结构化框架的构建，开发学生认知类资源。

首先，构建单元知识框架（见图 2 - 3）。

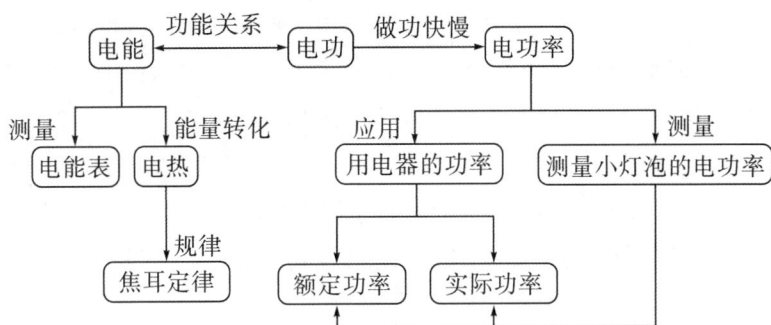

图 2-3　"电功"单元知识框架

　　"电功"单元是从电能开始的，有两条知识路径：一是从功能关系出发，建立电功的概念，电流做功的快慢即电功率，建立了额定功率和实际功率的物理观念，再从应用层面，测量小灯泡的电功率，进一步探索实际电压和实际功率的关系。另一条路径是从电能的转化出发，从能量转化的角度探索电热及焦耳定律。

　　从认知类资源的角度，我们进一步梳理，要进行电功的教学，离不开前认知电能，而再往前追溯，是更广义的能量。从"功是能量转化的量度"进行知识的构建：苹果下落过程中，重力做功，重力势能转化为动能；重力做了多少功，就有多少重力势能转化为动能。用电器工作，电流做功；电流做了多少功，就有多少电能转化为其他形式的能。这样，学生的前认知——重力做功就迁移到新知识——电流做功，建立了电功的概念。

　　其次，寻找核心素养在单元中的强相关点，形成素养结构（见图 2-4）。

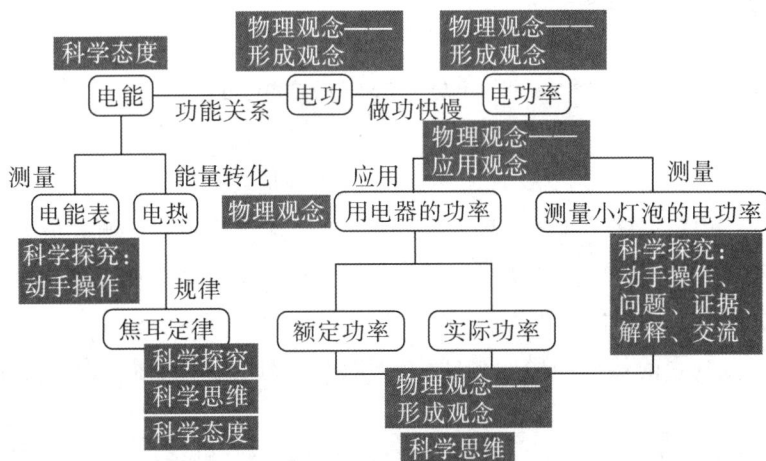

图 2-4　"电功"单元素养结构

在整个单元里，电功、电功率、实际功率、额定功率都是物理观念的强相关点，有的是形成观念（如电功率），有的是应用观念（如用电器的功率）；科学探究的落脚点在测量小灯泡的电功率、焦耳定律；科学思维的落脚点在焦耳定律的建构、探究功能的测量型实验"测量小灯泡的电功率"。而与能量有关的内容均是与"节能减排、社会责任"等有关的科学态度与责任的落脚点。

最后，进行思维与方法结构构建。在寻找到核心素养的强相关点后，从认知和教学的角度，找寻思维和方法（见图 2－5）。

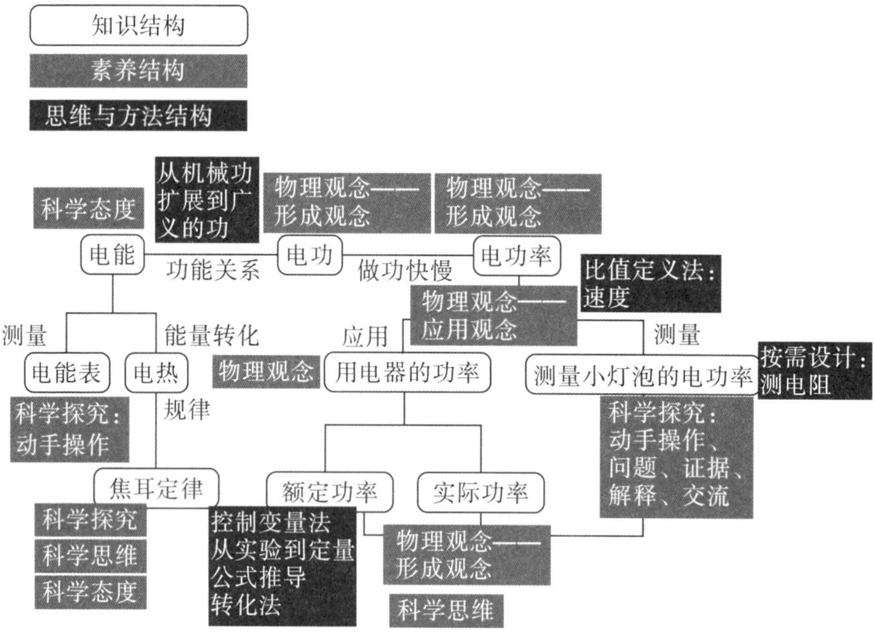

图 2－5　"电功"单元三级结构化框架

在这个单元中，从机械功扩展到广义的功，是前知识的迁移。电功率的定义方法是比值定义法，和"速度""功率"的定义方法相同。测量小灯泡的电功率的实验设计和测电阻的实验设计都是按需设计。探究焦耳定律使用控制变量法和先定性再定量的思维方法。在这个部分，寻找方法的相关点，才能唤醒前认知，并利用前认知的经验来建构新知识，形成迁移思维，成功解决物理问题。

3. 从学生认知类资源出发进行思维进阶的教学活动设计

在这个部分，我们依据的是布卢姆认知层级理论，他指出，从浅层学习到深度学习一共有六种认知层次：记忆、理解、应用、分析、评价、创造，其中前两项是浅层学习，属于低阶思维；后四项是深度学习，属于高阶思维。[①]

依据学生的认知类资源进行思维进阶的教学活动，就要从记忆、理解走向应用、分析、评价和创造。课堂教学中，需要设计有梯度的学习活动，让学生经历从理解到应用概念、规律解决问题的过程，实现从低阶认知走向高阶认知。

从定量到定性，是符合由浅到深的认知规律的。以下以实际教学案例说明：在讲解电功的影响因素和 $W = UIt$ 的问题时，设计三个实验，分别是电功与电压、电流的定性关系，用电量计测量电能的值和用电能表测量电能的值。[②]

表 2–2　实验一：探究消耗电能（电功）大小的影响因素

学习内容	教师活动	学生活动	核心素养	学生资源
从提出问题、猜想假设、设计时间、进行实验、分析总结等环节探究消耗电能（电功）大小的影响因素。	问题1：用电器消耗电能（电功）大小的影响因素有哪些？提供抽水机、可调电压和电流的电源等装置。 问题2：实验室有这些器材，你能设计一个实验来研究电功大小的影响因素吗？ 问题3：电能的大小没有器材能测量，但能否通过转化的方法从另一个角度来比较其大小？	猜想假设：结合7、8月长时间使用空调导致消耗电能多，空调工作时相比电灯等用电器电流较大，猜想电功与电流有关；电压是形成电流的原因，猜想电功与电压有关；根据生活经验，猜想电功与通电时间有关。 实验方法：控制变量法和转化法。 实验1：探究电流、通电时间一定时，电功与电压的关系。	科学探究：基于观察和实验提出物理问题、形成猜想和假设、设计实验与制订方案、获取和处理信息、基于证据得出结论并做出解释，以及对科学探究过程和结果进行交流、评估、反思的能力。	控制变量法和转化法是学生已有的认知类学习方法，稍加提醒，就能唤醒及应用。

---

① 安德森，等.布卢姆教育目标分类学：分类学视野下的学与教及其测评（完整版）[M].修订本.蒋小平，等译.北京：外语教学与研究出版社，2009：21.

② 本教学案例来源于汕头市蓬鸥中学郑加荣老师。

（续上表）

学习内容	教师活动	学生活动	核心素养	学生资源
从提出问题、猜想假设、设计时间、进行实验、分析总结等环节探究消耗电能（电功）大小的影响因素。	问题4：研究一个物理量和多个物理量之间的关系，用什么方法？引导学生利用抽水机来进行实验设计。 可调电源 A_1 V_1 M 可调电源 V_2 A_2 M	<table><tr><td>用电器</td><td>电压 U/V</td><td>电流 I/A</td><td>电功（较大/较小）</td></tr><tr><td>抽水机1</td><td></td><td></td><td></td></tr><tr><td>抽水机2</td><td></td><td></td><td></td></tr></table> 结论1：电流、通电时间一定时，用电器两端电压越大，电流做功越多。 实验2：探究电压、通电时间一定时，电功与电流的关系。 <table><tr><td>用电器</td><td>电压 U/V</td><td>电流 I/A</td><td>电功（较大/较小）</td></tr><tr><td>抽水机1</td><td></td><td></td><td></td></tr><tr><td>抽水机2</td><td></td><td></td><td></td></tr></table> 结论2：电压、通电时间一定时，通过用电器的电流越大，电流做功越多。 分析总结：用电器消耗电能（电功）与电压、电流和通电时间有关。电压越大、电流越大、通电时间越长，用电器消耗电能（电功）越多。		

表 2-3　实验二：用电量计测量电水壶 20s 内消耗的电能

学习内容	教师活动	学生活动	核心素养	学生资源
用电量计测量电水壶 20s 内消耗的电能。	提问：有什么简易的设备可以方便地测量出电能？ 简要介绍电量计可以用于测量电能、电压和电流，用电量计测量电水壶工作 20s 消耗的电能。 对比 UIt 和 W 的数值关系。	记录电水壶工作时的电压、电流和消耗的电能： <table><tr><td>电压 U/V</td><td>电流 I/A</td><td>通电时间 t/s</td><td>电能 W/(kW·h)</td></tr><tr><td></td><td></td><td>20</td><td></td></tr></table>	运用科学思维进行记录、分析。	学生并不知道电量计，教师引导学生寻找答案：是否有什么设备可以直接测量？帮助学生获得问题的思考方向。

表 2-4　实验三：用电能表测量电水壶 20s 内消耗的电能

学习内容	教师活动	学生活动	核心素养	学生资源
利用电能表分别通过"示数法"和"转数法"测量电水壶 20s 内消耗的电能。	提问：现在我们用这个电能表来测量电热水壶 20s 内消耗的电能，有哪些方法？ 引导学生分析总结不同的测量方法的适用场景。	答：可以通过使用前后的两次示数的差来测量（示数法），也可以通过记录 20s 内电能表的闪烁次数来测量（转数法）。 学生进行观察和记录（发现示数法前后两次示数没有变化，转数法测量结果约为 0.01kW·h）。 得出结论：示数法一般适用于时间长、消耗电能大的场景；转数法一般适用于时间短、消耗电能小的场景。	用物理观念对物理概念和规律进行认识及提炼，从物理学视角解释自然现象和解决实际问题；用科学思维进行基于经验事实建构物理模型的抽象概括过程，分析综合、推理论证等。	从认知出发，两次测量电水壶的实际数据，并与 UIt 做对比，再次建构电功的表达式。基于数据的实验培养学生讲事实的习惯。

在表 2-2、表 2-3、表 2-4 三个层级的实验中，实验一利用抽水机，通过转换法和控制变量法，探究电能（电功）和电压、电流、通电时间的定性关系，此时，学生的认知是理解层面，形成了对电功的影响因素的感性认识。实验二是用电量计测量电水壶工作 20s 的电压、电流及电能，要求学生计算 UIt 的大小，并与电量计测量值进行对比，发现两者在误差允许的范围内相等。从应用的层面，验算了 $W = UIt$，学生认知从定性走向定量。从认知层次而言，属于应用、分析层次。实验三利用电能表，再次测量电水壶工作 20s 的电能，和实验二的数据进行比较，从另一个角度评判电能的大小是否为 UIt 的值，属于认知层次的评价层面。这样，学生在教师的引导下，思维从低阶抬升到高阶，实现了思维的进阶。

第四节　基于学生资源的任务驱动式教学模式

开展重过程、以学生输出为主的课堂，需要有对应的教学模式支撑，此前介绍了如何基于学生认知资源的分析，做好单元的结构化思辨，但具体落实到课堂，仍然需要每一课具体铺排和实施。任务驱动式教学模式（见图 2-6）是一种基于任务的教学方法，旨在通过将学生置于真实和有意义的任务情境中，促使其主动参与学习和解决问题。在任务驱动式教学模式中，任务成为学习的核心，学生通过完成任务来达到学习的目标。整合任务式教学和问题链教学，创设基于学生资源的任务驱动的问题链教学模式，既能用学习任务带动学生学习，又能在教学关键点，用问题链进行引导，使学生思维显性化，从而进一步利用学生资源，持续升级任务难度，使学生在任务中学习知识，实现思维和能力的提升。

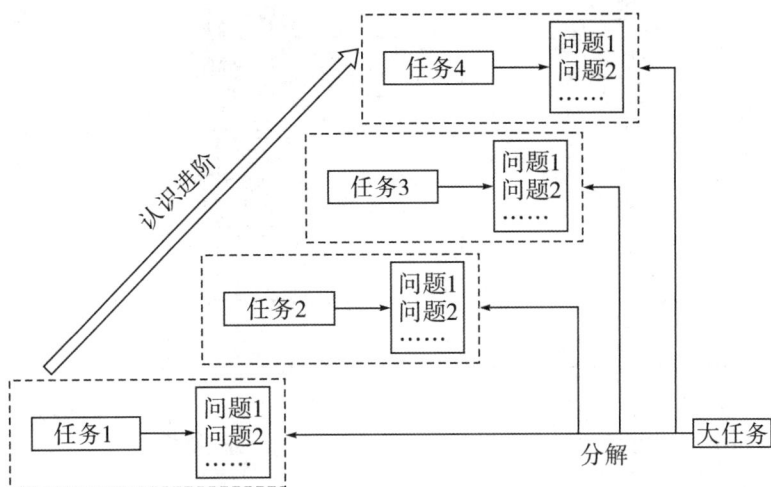

图2-6　任务驱动式教学模式

一、概念课、规律课

　　任务驱动式教学模式，即将每个课时设置为一个以真实任务为背景的大任务，再将这个大任务按认知规律分解为四个任务，每个任务再用问题链展开教学，学生每完成一个任务，就离大任务的解决更近一步，前一个任务的解决是后一个任务的铺垫，以概念课或规律课为例，"怎么导入概念（或规律）→概念（或规律）是什么→概念（或规律）怎样用"让学生的学习学得有存在感、有成就感。结合"闯关教学模式"，将大任务分解为如图2-7所示的四个任务：感知任务—探究任务—应用任务—反思总结。①

　　大任务为何要分解成四个任务，而不是三个或者五个？实践发现，过多的任务，会让学生产生畏难心理，任务数量过少，则不利于形成完整的知识结构。情境导入点出大任务后，第一个任务主要是对概念（或规律）基本的感知，解决为什么导入概念（或规律）的问题；第二个任务用于探究概念（或规律）是什么；第三个任务是应用概念或规律解决物理问题；第四个任务是反思总结。这样就形成了"认识—理解—应用分析—评价"的学习过程，实现了学习进阶。

---

　　① 余耿华，谢桂英，许桂清，等. 指向科学思维提升的中学物理闯关教学模式构建与实施［J］. 中学物理，2023，41（3）：33-38.

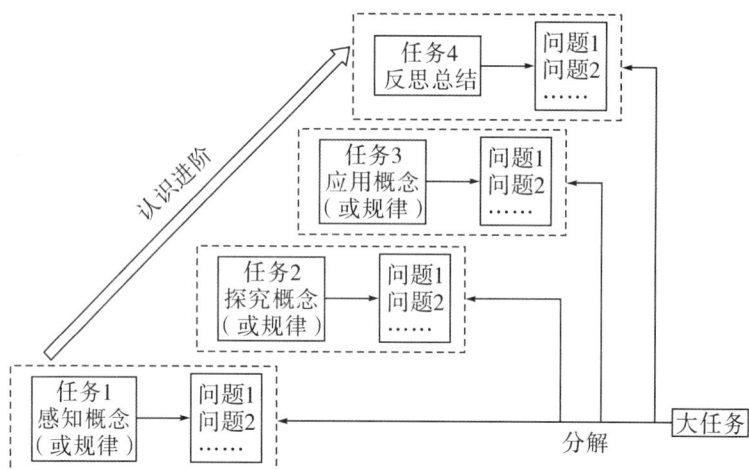

图2-7　概念课、规律课任务驱动式教学模式的四个任务

为实现学生资源的开发和应用，如前所述，教师在进行课前单元分析时，应对前知识、前认知、前经验有充分的认知，在课时教学时加以利用。如"电能、电功"的教学，前知识"重力做功和重力势能与动能的能量转化关系"，可用于类比电流做功与电能与其他形式的能量转化；探究电能与电压、电流、通电时间的关系，应用控制变量法。控制变量法是前经验，在教学中要进行唤醒、联系、应用。

案例：杠杆①

大任务：咸阳宫赋图中，奴隶们抬起巨大的木料，怎样才能省力？		
任务	问题链	学生资源
任务1：展示你找到的或制作的杠杆实例，找出共同点，归纳杠杆定义。	活动：学生展示课前制作的投石器、杆秤、投篮机等手工作品。 问题1：你认为这些作品中哪些是杠杆？ 问题2：它们都有什么共同特点？ 问题3：自主学习，杠杆的五要素是什么？请找出撬棒的五要素。	问题1中学生回答小制作、找来的器具，哪些是杠杆，哪些不是，是可利用的学生资源。 问题2中教师和学生一起归纳什么是杠杆，再对不是杠杆的器具加以分析，及时捕捉及利用学生资源。

---

① 本教学案例来源于汕头市蓬鸥中学杨桂兰老师。

（续上表）

任务	问题链	学生资源
任务1：展示你找到的或制作的杠杆实例，找出共同点，归纳杠杆定义。	问题4：怎样画力臂？ 教师用三角尺演示点到线的距离的作图再让学生一起作图。	问题4中数学学科的知识点"点到线的距离的作图"是学生的认知资源，要加以利用。教师展示并讲评学生画力臂的正误，是对良性资源的利用。
任务2：探究杠杆平衡条件。	教师活动：演示杠杆平衡，改变物重，平衡消失；移动秤锤，平衡恢复。猜想：影响杠杆平衡的原因是什么？ 学生动手实验，自主学习，在学案填写实验步骤。 问题1：你能从数据中发现什么特点？ 问题2：展示特殊数据，是否意味着 $F_1 + L_1 = F_2 + L_2$？ 问题3：倾斜的杠杆是否平衡？为何实验前要调节杠杆使其处于水平状态？	问题3是对学生被动资源的开发，学生并没有意识到这些问题，属于在教师刻意设计下生成的学生资源。
任务3：应用规律解决问题——怎样称大象？咸阳宫赋图中奴隶如何省力地抬木料？	问题1：称象问题中，你能画出杠杆模型图吗？ 学生画图并计算。 问题2：对照杠杆模型图，你需要做哪些修正？ 问题3：你是否有多种方法让抬木料的人省力？	问题2是对学生良性资源的捕捉，培养学生评价的认知水平。 问题3是对学生良性资源的捕捉，培养学生多种方法解决问题的能力。

（续上表）

任务	问题链	学生资源
任务4：本节课你学到哪些有用的知识或方法？能用来解决什么问题？	学生回答：杠杆的定义、五要素、杠杆平衡条件、解决了称象问题、解决了怎样省力的问题…… 教师总结：除了知识，我们还学习了画力臂的技能，在称象问题中，我们先进行建模，在模型图中标注已知量，用平衡条件解决问题。在具体问题中通过构建模型评估及解决问题是一种很好的思维方法。	教师对能力和方法进行归纳总结，是对学生知识总结的补充，是重视学生资源的体现。

二、实验课

实验课也有类似的框架，利用实验来解决物理问题和认识物理规律，是实验教学的目的所在。大任务就是实验目的，任务1为实验原理，任务2是设计实验方案，明确实验步骤，任务3是进行实验，任务4是分析论证，得出结论。用认知理论来分析这四个任务，任务1是理解，任务2是分析，任务3是实践，即应用层面，任务4是评价，即评估层面，同样符合从低阶到高阶的学习进阶模型（见图2-8）。

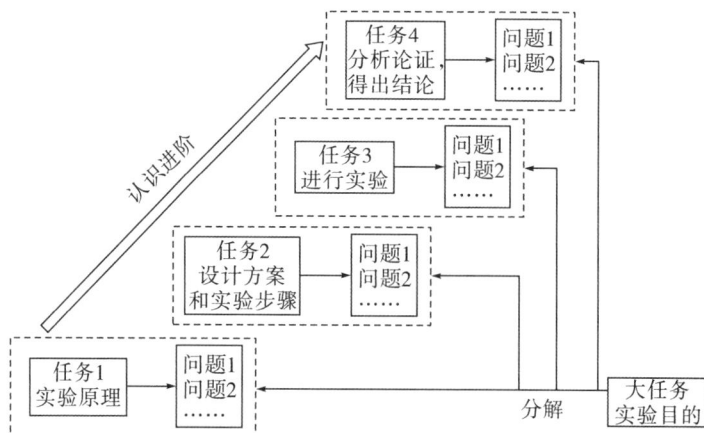

图2-8 实验课的任务驱动式教学模式

实验课中学生资源的开发应用，主要在设计方案和实验步骤、进行实验和分析论证的环节实施。

设计方案和实验步骤，这个部分应用认知资源来关联前知识、前经验。如学生在进行探究串联电路电压特点的实验时，学生的前经验是：在探究串联电路电流的特点时，分别在串联电路的不同位置接入电流表，测量该位置的电流值，比较大小。那么，在进行电压实验的时候，教师稍加点拨，学生自然就能想到，应在串联电路的不同位置接入电压表，测量电压值，比较大小。这里仍旧是对学生认知经验的捕捉和应用。

核心素养的四个环节不应该是割裂的，应在探究实验中就落实科学思维的培养。实验的方案设计环节，是科学思维得以培养的重要课堂环节。分析数据环节、解释现象，是推理论证的过程。因此，应挖掘科学思维在实验教学中的作用，充分利用学生的认知资源，创设问题，引导思维，落实方法，培养素养。

在分析论证环节，学生分析的错误之处也应该得到重视并为教师加以纠正。例如"杠杆平衡条件"实验中，分析论证环节，学生认为横梁倾斜的杠杆处于不平衡状态，教师就应当捕捉学生资源，并指出，只要杠杆静止，它就是平衡状态，但是这会使力臂的读数没有落在标尺上，难以测量力臂大小。这是对于个体资源的开发与利用。

学生在实验过程中，教师可拍摄学生的正确操作或典型错误操作，全班一起观看，规范操作。这是良性资源的开发与利用。

案例：电阻的测量[①]
【学习流程】

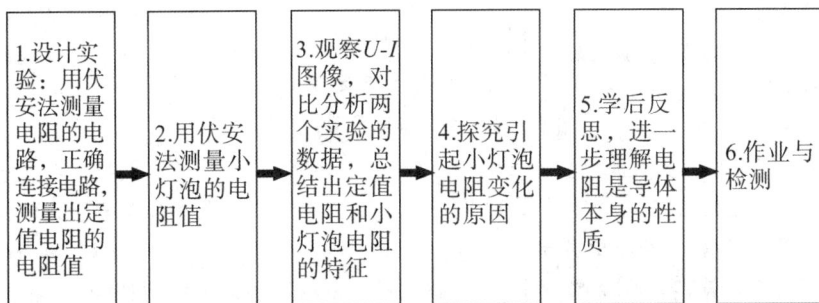

| 1.设计实验：用伏安法测量电阻的电路，正确连接电路，测量出定值电阻的电阻值 | 2.用伏安法测量小灯泡的电阻值 | 3.观察 $U\text{-}I$ 图像，对比分析两个实验的数据，总结出定值电阻和小灯泡电阻的特征 | 4.探究引起小灯泡电阻变化的原因 | 5.学后反思，进一步理解电阻是导体本身的性质 | 6.作业与检测 |

---

① 本教学案例来源于汕头市龙湖实验中学陈继红老师。

【学习过程】

	任务一：测量定值电阻的阻值			
教学环节	教师活动	学生活动	学生资源	核心素养
导入	一、提出实际问题：小华家里的电饭锅的集成电路板上有一个定值电阻需要更换，但是它的铭牌已经脱落了，小华需要知道它的电阻大小是多少，你有什么好办法可以帮助他吗？二、设计一个简单计算电阻的题目，引导学生复习欧姆定律及其推导式	在教师的引导下复习欧姆定律及其推导式。	学生已储备的基础知识。	物理观念
测量定值电阻的阻值	一、提出问题，引导学生设计电路问题1：测量定值电阻阻值的原理是什么？问题2：根据实验原理，实验中需要运用什么测量工具？（尝试设计出实验的电路图）问题3：为减少实验误差，实验需要进行多次测量，这个实验该如何进行多次测量？	一、设计电路思考回答教师所提出的问题，说出实验原理是 $R = \dfrac{U}{I}$，知道实验方法，在教师的引导下逐步设计出实验电路图。	学生已具有的设计电路、设计表格的基本能力。	科学思维（科学推理、分析综合）。培养学生按需设计电路的思维，通过问题链的方法引导学生逐步思考问题并解决问题，有利于锻炼学生设计探究实验的科学思维。

（续上表）

教学环节	教师活动	学生活动	学生资源	核心素养
测量定值电阻的阻值	问题4：请根据你设计的电路，说出你如何改变定值电阻两端的电压？ 问题5：改变定值电阻两端的电压还有更好的方法吗？请改进你设计的电路图。			
	二、引导学生观察器材，强调使用各器材的注意事项。引导学生设计记录实验数据的表格，学生代表展示设计的表格，教师进行评价。	二、观察器材，设计表格 1. 观察器材，复习电流表、电压表、滑动变阻器的连接要求。 2. 在导学案中完成表格的设计。	学生分组实验过程中的操作误区。	科学探究（问题、证据、解释）。
	三、巡视学生的分组实验操作情况，记录学生连接电路中所出现的问题，并及时进行指正。展示一组实验小组的实验数据，引导各小组准确处理实验数据。	三、进行分组实验 1. 进行分组实验，小组协作测量出定值电阻在几个不同电压下工作的电流，并记录数据。 2. 小组讨论如何处理实验数据，计算出定值电阻的阻值。	学生分析数据的能力以及在分析过程中所出现的错误。	分组实验培养学生科学探究能力，锻炼其动手能力，使其养成规范操作的习惯，提高处理实验数据的能力。

（续上表）

任务二：测量小灯泡的电阻				
教学环节	教师活动	学生活动	学生资源	核心素养
培养学生的科学探究能力	让学生根据前面的实验方法，将定值电阻更换成小灯泡，测量小灯泡的电阻，记录并处理实验数据。	再次分组实验，测量小灯泡在几个不同电压下工作的电流，记录数据并计算出小灯泡电阻。	学生分组实验过程中的操作误区。	科学探究（问题、证据、解释）。

任务三：对比分析两个实验的数据，找到电阻规律				
教学环节	教师活动	学生活动	学生资源	核心素养
分析实验数据	一、提出问题，逐步引导学生分析数据。问题1：请同学们观察两组实验数据，对比并说出实验中测得定值电阻和小灯泡的阻值的数据有什么不同点？二、教师运用软件输入学生测得的实验数据，生成定值电阻和小灯泡的 $U-I$ 图像，提出问题2引导学生观察图像，再次分析数据。问题2：请同学们观察定值电阻和小灯泡电阻的 $U-I$ 图像，思考：图像的不同之处说明了什么问题？	一、观察两个实验的数据，对比分析，说出定值电阻和小灯泡的电阻的不同。二、观察定值电阻和小灯泡的 $U-I$ 图像，小组讨论图像的不同之处所说明的问题，总结实验结论。**归纳总结：**定值电阻在实验中电阻是_____，其电阻与它两端的电压和通过它的电流_____（选填"有关"或"无关"）。小灯泡在实验过程中电阻是_____（选填"变化"或"不变"）。	学生分组实验所测得的实验数据。学生经过对上一个任务的学习后所掌握的正确分析数据的方法。学生归纳总结得出的结论。	科学思维（科学论证、解释），科学态度与责任（知识应用于实践、辩证）促使学生从定性和定量两个方面对实验数据进行科学推理、找出规律，为后面对实验现象进行科学解释，对结论进行科学论证做好准备。

（续上表）

教学环节	教师活动	学生活动	学生资源	核心素养
分析实验数据	三、提出问题3、4、5，引导学生进一步正确处理实验数据。问题3：应该怎样进一步处理测量定值电阻的实验数据以减少误差？问题4：小灯泡的实验数据也可以求平均值吗？问题5：两个实验进行多次测量的目的是什么？ 四、根据小灯泡的实验数据提出问题6，引出下面的拓展探究问题6：你从灯泡的实验数据中发现灯泡的电阻在实验中是怎么变化的？你认为是什么原因引起这个变化的？	三、思考问题，能够说出对定值电阻的阻值要求平均值以减少误差，灯泡的电阻不能求平均值的原因，总结两个实验进行多次测量的目的。**归纳总结：**实验多次测量的目的：_____。测量定值电阻：_____。测量小灯泡电阻：_____。 四、再次观察数据，发现灯泡两端电压变大时灯泡电阻变大，猜想引起变化的原因。	学生已掌握的关于对实验进行多次测量的目的。	科学思维（科学推理、分析综合）促使学生整理数据，归纳总结，形成结论并做出解释，提高其语言表述能力。

任务四：探究灯泡电阻变化的原因

教学环节	教师活动	学生活动	学生资源	核心素养
探究小灯泡电阻发生变化的原因	一、在黑板上用演示器材展示，当灯泡两端电压升高时，灯泡逐渐变亮，让学生观察现象并提出问题，引导学生进行猜想。			

（续上表）

教学环节	教师活动	学生活动	学生资源	核心素养
探究小灯泡电阻发生变化的原因	问题1：当灯泡两端的电压升高时，通过灯泡的电流变大，灯泡在变亮，说明灯丝是利用什么原理来发光的？ 问题2：灯丝越亮说明灯丝发热越厉害，此时灯泡的电阻在变大，说明可能是什么原因引起灯泡电阻变化？ 二、分别调节灯泡亮度的电压为0.6V、1.5V、2.5V和3V，将测温枪探头放在灯泡上方，分别测量出灯泡在四个电压下工作时的温度，让学生记录数据。课件展示实验数据，再引导学生观察，分析得出结论。	二、观察教师演示的实验，记录小灯泡在四个不同电压下工作时的温度，分析数据得出结论。 **归纳总结：** 小灯泡的电阻随温度的升高而_____。	学生基于观察实验现象并对实验现象进行科学分析后所得的结论。	
交流讨论	提出问题：谈一谈你在实验中所碰到的问题。 纠正学生在连接电路时出现的错误操作。	各小组选举小组代表，说出小组在实验操作中所碰到的问题。其他实验小组参与讨论，分析导致问题的原因和解决方法。	学生交流谈论后的自我表达。	科学思维，科学态度与责任（反思改进）。

【学后反思】

说说本节课你有哪些收获?

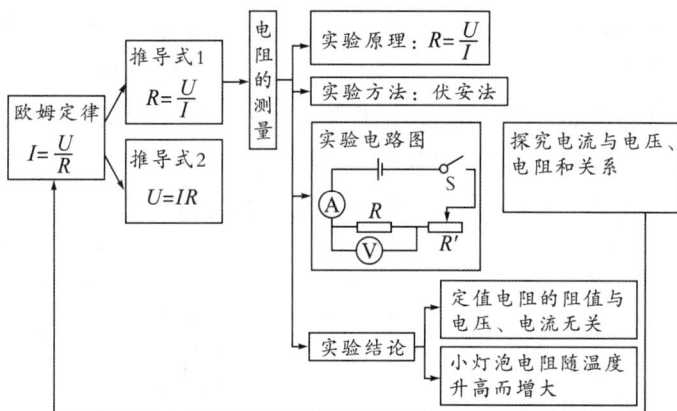

三、复习课

任务驱动式教学模式下的复习课是一种教学方法,旨在通过让学生参与实际任务来巩固和复习他们已经学过的知识和技能。该模式强调学生的主动参与和实践,让他们在真实的情境中应用所学的知识,具体实施路径见图2-9。

复习课有三类任务,分别从单元知识框架梳理、结构化复习、综合类习题三个层面来进行学习进阶的任务驱动式复习。其中,对于结构化复习,应从知识的基本应用、科学思维复习和单元实验复习三类题着手设计。而任务3的综合类习题,应在习题中体现用更多的知识点、更综合的思维解决更复杂的情境问题。

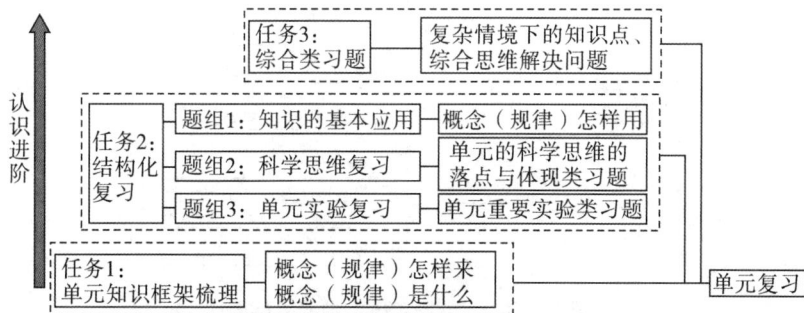

图2-9 复习课的任务驱动式教学模式

案例："欧姆定律"单元复习课

教材内容分析:"欧姆定律"共4节内容,第一节是探究电流与电压、电阻的关系,是从探究实验推导出欧姆定律,即解决了规律如何产生;第二节解释欧姆定律是什么;第三节是欧姆定律的应用——测量定值电阻和小灯泡的电阻;第四节是欧姆定律在串并联电路中的应用。这个单元结构紧凑,因此在进行单元复习时,应帮助学生通过单元框架图,梳理知识内容,用图表表示是为了搭建知识之间的关联,使知识的结构更加明显。

任务一:在学案中完成知识框架图(见图2-10)。

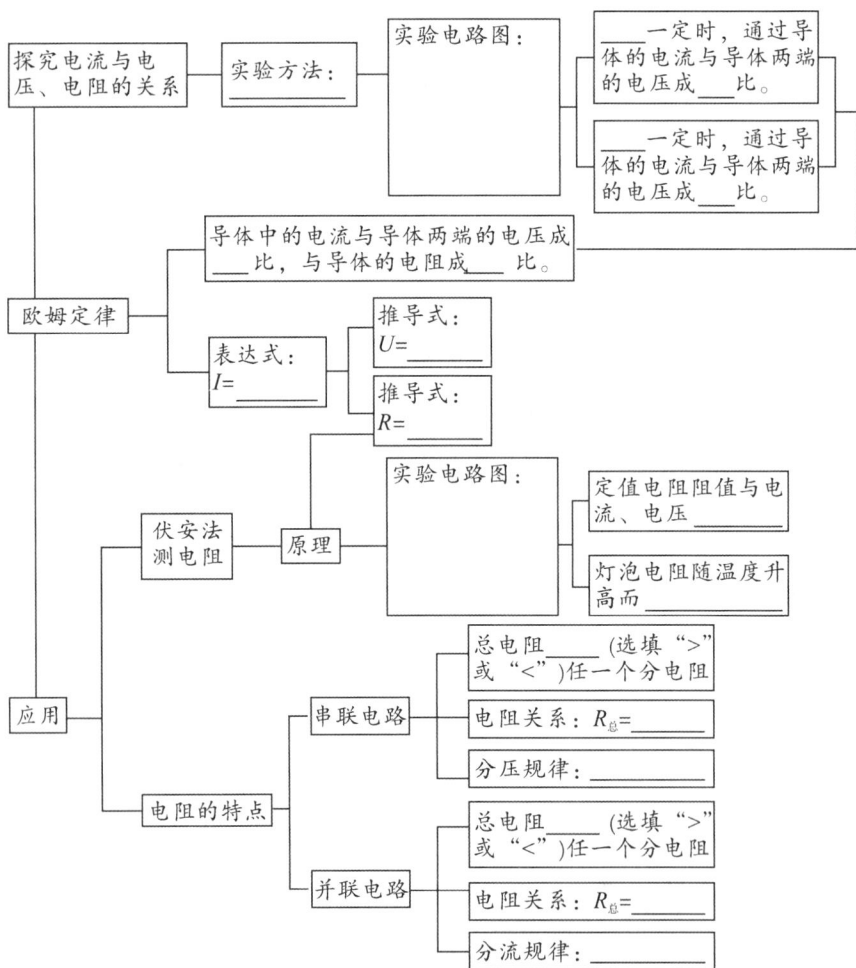

图2-10　"欧姆定律"单元框架图

任务二：结构化复习。

题组1：物理观念——对欧姆定律的理解和基本应用。这部分的题组主要体现基本知识的回顾和应用。如：

题1 关于欧姆定律，下列说法中正确的是（　　）。

A. 通过导体的电流与该导体的电阻成正比，与该导体两端的电压成反比

B. 当电压一定时，导体的电阻与通过该导体的电流成反比

C. 当通过导体的电流一定时，导体的电阻与该导体两端的电压成正比

D. 当电阻一定时，通过导体的电流与该导体两端的电压成正比

题组2：科学思维——对欧姆定律在串并联断电路中的应用提升。这部分的题组主要体现科学思维的培养，如：

题2 张华同学在探究"通过导体的电流与其两端电压的关系"时，将记录的实验数据通过整理作出了如图2-11所示的图像，根据图像可知（　　）。

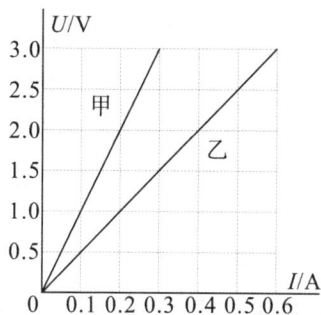

图2-11

A. 导体甲的电阻小于导体乙的电阻

B. 将甲、乙两导体并联时，通过甲、乙的电流之比为2∶1

C. 将甲、乙两导体串联接在3V的电源上时，电路中的电流为0.2A

D. 将甲、乙两导体串联时，甲、乙两端的电压之比为1∶2

数学是解决物理问题的基本方法，通过图像建立正比关系，并引导学生从图像中发现甲、乙均为定值电阻，建立具象与抽象相统一的思维。

题组 3：单元实验复习——重在实验及应用。这部分主要体现科学探究素养的落地。

题 3 探究电流与电压、电阻的关系。
题 4 电阻的测量。

任务三：运用本章知识解答综合型问题。

这部分旨在通过在复杂情境中应用多种知识和技能，培养学生的综合思维。

题 5 根据教师所提的指引性问题进行小组讨论，确定需要测量的 LED 灯正常的电阻，并用伏安法测量出其电阻。

（1）根据欧姆定律计算在电源电压为 36V 时，电路中最少需要串联多少盏 LED 灯才能使 LED 灯安全工作？

（2）设计出实验电路图，根据所设计的电路图选择器材，将它们连接成一个安全照明电路。

（3）能否在原电路上改进，使这个照明电路具有根据周围光照自动调节亮度的功能？

四、习题课

任务驱动式教学模式下的习题课，旨在通过一系列练习题来帮助学生巩固和加强知识与技能。习题课以微专题的形式，通过一组题使学生形成对某一知识的正确综合的认识。

习题课的重点是对习题的归纳，使学生在解题过程中，形成将情境转化为物理语言，再从物理语言关联到物理规律，最后用数学运算解决问题的思维能力。习题课的基本目标有两个：一是培养学生规律的基本应用能力，二是对解题思路的总结。解题的过程：审题—解题—方法总结。

习题课教学中的每组题可以作为一个任务来完成，每节课可设计几个任务。

那么如何挑选习题呢？可有以下几种结构：

结构一：情境相同，知识异构。

如图 2-12，此类题目可以是测量小灯泡电阻或测小灯泡电功率。将小灯泡换成电阻丝，此题目变为探究电阻与什么因素有关；将电流表、电压表填上一定数值，此题又是一个计算题；改变滑动变阻器的滑动触头，此题又变为一个电路动态分析题。

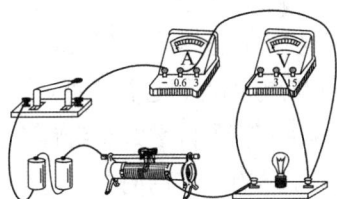

图 2-12　情境相同，知识异构的题目

结构二：情境加法的进阶类题（如图 2-13 所示）。

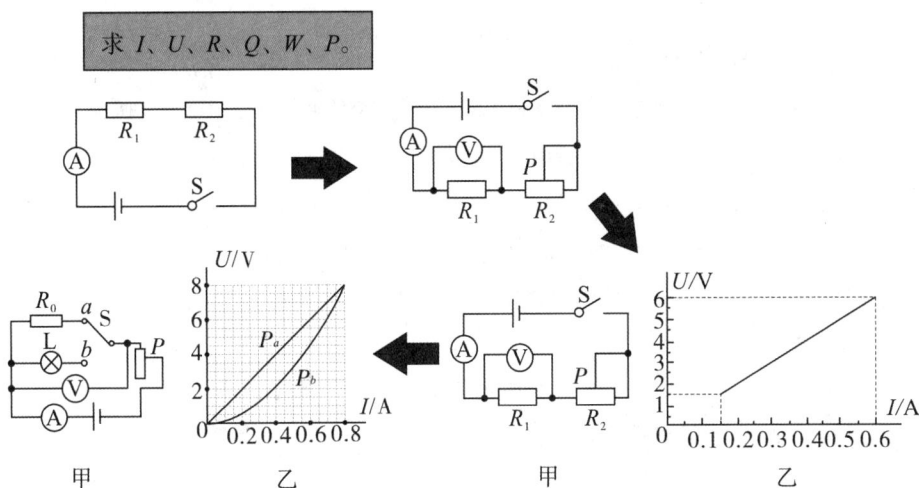

图 2-13　情境加法的进阶类题

结构三：条件变化重组整合。

如缺少器材的测量密度题，缺少天平或缺少量筒的测量密度实验，可增加"水"这一中介，将思维转化为同体积或同质量测量的问题，最终测出密度。

五、讲评课

试卷讲评课和作业讲评课都属于讲评课，讲评课切忌从头讲到尾，特别是试卷讲评课，若每题均讲，则重点不突出，难点不分散。所以应善于发现学生存在的问题，做到心中有学生，通盘考虑学生资源，从最近发展区的层面，针对全班 50%～70% 的学生都存在的问题进行讲评。

任务一：学生自查，提出不懂的问题，小组解决。

任务二：各小组总结成员均有疑惑的问题，向全班提出。教师讲解，形成解题思路。

任务三：同类题组训练，加深巩固。

可见，任务一就是学生资源的应用，通过激发学生自主学习，达到以学定教的目的。

案例："运动和力"讲评课

任务一：学生核对答案，并将错题的题号写在黑板上，教师选取错误率较高的题目，学生分组进行"生教生"活动。

任务二：教师对同类题进行分析，讲练结合解决问题：

①复习牛顿第一定律和二力平衡，复习运动和力的关系。

②题组1：从运动状态判断物体受力情况。

③题组2：从受力情况判断物体的运动状态。

④题组3：坐标图像与运动与力的综合题。

任务三：总结归纳本节的收获。

以上探索了任务驱动式教学模式在概念课、规律课、实验课、复习课、习题课和讲评课中的具体应用。通过对这些课堂类型的案例研究和分析，我们发现任务驱动式教学模式在不同类型的课程中都能产生积极的教学效果。

在概念课上，任务驱动式教学模式能够帮助学生将抽象概念转化为具体实践，提升他们的理解和应用能力。在规律课上，任务驱动式教学模式可以促使学生发现和理解规律，并应用规律解决相关问题。在实验课上，任务驱动式教学模式能够引导学生通过实际操作和观察，探索科学现象，培养他们的实验设计能力和科学思维。在复习课上，任务驱动式教学模式让学生在真实情境中复习和巩固知识，提高学习效果。在习题课上，任务驱动式教学模式帮助学生通过实际问题的解答，加强对知识的掌握。在讲评课上，任务驱动式教学模式促使学生深入参与，激发他们的思考和探究精神。

任务驱动式教学模式具有很大的教学潜力，并在实际应用中证明了其有效性。通过让学生主动参与、实践和解决问题，能够激发学生的学习动力和兴趣，培养他们的批判性思维、合作能力和问题解决能力。

第五节　开发与利用学生资源的效果检验

一、教师感悟

感悟一：

一节物理课上，在讲解参照物问题时，我讲到在描述一个物体的运动时，选为标准的另一个物体即为参照物，一旦选定某个物体为参照物，就假设其不动。房屋树木静止、行驶汽车运动是以地面做参照物而言。学生 A 突然唱起了歌"山不转哪水在转，水不转哪云在转"，引起哄堂大笑，另一个同学 B 跟着起哄："佛曰：'风动云动，实则心动。'老师您给我们解释一下。"

做法一：教师对这两位同学的行为采取搁置的态度，不仅造成学生资源的流失，学生可能还会不依不饶，造成课堂气氛僵持紧张，影响教师及学生情绪，不利于课堂教学。

做法二：教师即刻捕捉到学生 A 自发生成的学生资源，分析判断该学生资源有助于参照物选择、假定性及不唯一性等的解释说明，是良性资源，采取利用并放大处理的原则，对歌词进行说明："山不转水转，是以山为参照物，这时已假设山是静止的，水与山的位置随时间发生变化，所以水相对于山是运动的。水不转云转，是以水为参照物，这时已假设水是静止的，云的位置发生了变化，所以云相对于水是运动的。"教师还可以提问学生：如果反过来唱"水不转哪山在转，云不转哪水在转"成立吗？可以让学生进一步分析出水与山、云与水都有相对位置变化，选定水为参照物，水就是静止的，山就是运动的；选定云为参照物，水就是运动的。还可以让学生讨论有没有类似的歌词、诗词、文学作品，为学生创设生生互动平台，促进二次学生资源的生成。学生回答后，还可以由其他学生或者教师对回答内容进行分析、判断对错，对新生成的学生资源再利用。对于学生 B 的问题，教师只需采取缩小的原则，说明"我们物理课讲的这个机械运动，是唯物主义的范畴，与你所举的例子不属于同一范畴下的问题，那可能就得问佛了"，幽默地回应学生的疑问。这样处理，与做法一对比，既使学生对参照物与运动相对性的知识理解得更透彻，又给予学生主动参与课堂教学活动的机会，活跃了学生思维与课堂气氛。

课堂是教学的主阵地，学生是课堂的主体，教师对学生资源的分析判断、处理方式不同会直接影响课堂教学效果。教师需转变观念，提高识别学生资源的能力，并积极捕捉、合理开发与利用学生资源，提高学生课堂参与度，有效激发和调动学生的内驱力，让学生在学科学习中体验到成功的快乐与成就感，使课堂教学效益倍增。

（林百欣中学　蔡纯纯）

感悟二：

学生的情绪类资源指学生在学习过程中表现出来的情绪特点。情绪类资源可转化为学生学习的内驱力、求知的推动力，激发学生进一步学习、探究的欲望与热情，对学习起到积极的促进作用。

利用学生好奇的情绪资源能刺激学生的探索欲望，增加学习吸引力。在进行"平面镜成像"这一实验课的授课时，我先给学生观看事先录好的两个视频"浇不灭的蜡烛"以及"人体消失术"，引发学生的感叹，进而使学生产生好奇心理，迫不及待想要"揭秘"。

利用学生参与情绪，使学生亲身经历探究，提升学习主动性。在"串、并联电路中电压的规律"课上，学生共进行了两次探究实验：探究串联电路的电压规律和探究并联电路的电压规律。实验时，个别学生难免出现操作问题或导致电路故障，这可是绝佳的教学素材！于是我在巡视的过程中，用手机将遇到的错误操作或故障"抓拍"下来，如：A 同学刚把最后一根导线碰到接线柱，灯就亮了；B 同学一闭合开关，电压表指针出现了反向偏转；C 同学在闭合开关时，指针瞬间超过最大刻度值；D 同学的串联电路两灯都不亮，但是并在其中一灯两端的电压表示数却接近电源电压。搜集好这些素材，到了最后评估交流的环节，我借助多媒体手段把这些问题"还原"，供学生讨论，由学生分析问题在哪、如何改正，将学生参与过程中出现的问题转变为良性资源，学生印象更加深刻，对正确操作方法起到了巩固加强的作用，对教学效果也起到锦上添花的作用。

开发创造情绪资源，鼓励学生拓展创新，促进思维发展。学生在做完

"探究凸透镜成像规律"的实验后，就产生创造热情了，拿着两个凸透镜或一个凸透镜、一个凹透镜开始新的探究去了，然后可能就不小心挖掘到了近视眼和远视眼的矫正原理；无意间，"发明"了"显微镜""望远镜"，对后面的学习内容起到了极佳的铺垫作用，对我们的教学也能有很好的促进推动作用。

（广二师龙湖附中　赖思仰）

感悟三：

知识的构建有赖于既有知识、直接经验和能力的支撑。学生对新知识的学习是以旧知识为基础的，新知识或者是在旧知识的基础上引申和发展起来的，或者是在旧知识的基础上增加新的内容，或者是由旧知识重新组织或转化而成的，因此旧知识是学习新知识最直接的认知锚点。学习新知识就要注意找准认知的锚点，让新知构建在旧知上。

在"测量小灯泡的电功率"这节实验课的教学中，我就利用了学生已掌握伏安法测量电阻这个学习基础，课前先让学生复习伏安法测电阻的实验原理、实验电路、实验步骤这些内容，因为测功率是建立在测电阻基础上的对伏安法进一步应用的实验，有了课前的旧知回顾，学生很快就能根据实验方法想到测量电功率所需要的器材并设计出实验电路，这为实验的顺利进行带来良好的开端。在进行实验的过程中，两个实验存在许多不同点，我会刻意让学生将两个实验进行对比，通过挖掘不同点来促进学生对两个实验的理解掌握。例如在交流讨论的环节，我让学生讨论测量电功率能否将多次实验所测得的数据进行求平均值。而在讨论这个问题之前，我让学生先回忆并说出测量定值电阻的阻值和测量小灯泡的电阻两个实验进行多次测量的目的，最后再将三个实验多次测量目的的不同进行对比总结，这样既使学生很好地区分了不同实验多次测量目的的不同，也促使他们进一步理解了三个实验的结论。

构建学习小组，让学生互助学习，是挖掘学生资源的措施。利用"兵教兵"来促进自主学习的完成，既是对差异性资源的利用，也是挖掘动力资源的措施。我的做法就是利用同桌两人小组，让他们协作讨论、动手操作等，以达到教学目标。除此我也进行了学习成绩组合多人小组的尝试，每个学习小组都分布有成绩上、中、下游的学生，利用上游生带动下游生，鼓励中游生向上游生靠拢，以此来实现"兵教兵"，促进学习效果。

在"测量小灯泡的电功率"一课中，我留了一个实践作业，要求学生设计实验，测量家里某一用电器工作时的实际功率，简单拍下实验过程的视频或照片，并完成实验报告。这个作业就是由学习小组合作完成的，每个学习小组都有小组长，我先对小组长进行统一培训，指导他们怎么对组员进行分工，怎么组织大家汇报成果，最后领导全组一起完成实验报告。考虑到学习小组实践过程中可能会碰到各种各样的问题和困难，我建立了一个微信群，由小组长加入，随时在线上帮他们解答疑问。经过一周的时间，所有学习小组都顺利完成任务，我发现各小组里各个层次的学生都能完成相应的任务并获得提升。

（龙湖实验中学 陈继红）

从上述几位中学物理教师的感悟可以看到，本研究的开展促进了物理教师的专业成长，促进了区域各校教师的交流，促进了教学行为的改进，进而促进了学生的发展。从这一角度审视，本研究是具有积极的成效与价值的。

二、教师课堂优化个案研究

经过课题组的探讨，教师的教学理念及实际教学有了较大的改进，以下以案例具体说明。

（一）优化了教学过程

案例："杠杆"课优化后的教学片段

教学环节：学生展示课前实践性作业。

教师：上节课老师已经要求你们提前预习本节课内容，并完成老师发布的课前实践性作业，找到或者自制你认为是杠杆的生活用品并上传到我们粤教翔云的任务板块上，接下来我们可以在平板上点开课前任务板块，来看一下各小组上传的照片，然后我们选取几个小组上来展示讲解他们所理解的杠杆是怎么样的，而台下的你们观察并对比他们的作品，想想他们讲的是不是杠杆，是的话有什么共同点？

小组代表上台展示作品。

第一组学生：相信大家小时候都有去游乐园玩投篮的经历，我们展示的这个杠杆就是一个投篮器模型，这边是一个发射装置，这是一根吸管，用牙签固定住，当我用手往下按时，另一边的乒乓球就会被发射出去，投进篮筐里，接下来我们来进行一次演示。

第二组学生：我的模型灵感来源于中国古代的投石机，可以看到它的主体是一根木棍，中间有一个固定的点，另一边用橡皮筋绑住，当我将这一边往下压，另一端的橡皮筋就会绷紧，给木棍一个向下的力；当我松手时，在弹力的作用下石头就可以投射出去。

台下学生通过观察和分析台上学生展示作品，找出共同点。

学生1：都是一根棍子。

学生2：都有一个固定不动的点在转动。

学生3：需要有力。

…………

教师：一根硬棒，在力的作用下绕固定点 O 转动，这根硬棒就是杠杆。(投影电子教材——聚光灯，分析关键词)

设计意图：学生在进入本节课学习之前，已经对杠杆有了基础的感性认知，但学生的感性认知各有差异。如何从物理学角度科学看待杠杆并正确地表述杠杆，这一方面学生仍需要有效的引导。因此在导入杠杆概念的设计上，首先布置课前实践性作业，让学生找到或者自制认为是杠杆的生活用品并上传到粤教翔云平台上，这一环节属于教师有意设计的环节。比起传统的书面类作业，实践性作业更能直观地反映出学生对杠杆的不同感性认知，学生可通过自己擅长的、喜欢的形式来完成实践性作业，而后上传至网络平台进行分享交流。如喜欢绘画的学生，可以用笔画出杠杆；擅长动手操作的，则可以充分发挥自己的"奇思妙想"制作一个杠杆等。这些实践性作业可以进一步转化为课堂上教师导入概念的素材资源，对其采取放大处理的原则，从而实现对认知类学生资源的初步开发，有利于教师进行有针对性的备课。

而请小组代表上台展示实践性作业这一环节则是对该认知类学生资源进行二次利用，学生通过观察台上展示以及互联网平台上其他小组分享的作品、图片、视频等，从众多作品里勾勒出杠杆模型的雏形，教师再进一步引导学生总结归纳出杠杆的定义，强化概念的关键词，帮助学生将笼统、模糊的认知转变成具象、清晰的杠杆模型概念。

(蓬鸥中学　杨桂兰)

从这个案例中，我们可以看到，教师已经发现学生资源的重要性，搭建了教学展示的平台，从学生观、学习观、学情观的角度进行教学设计，在一定程度上体现了教师成长的过程。尽管这只是一个个案，但是从个案中可以看到，本课题指导了教师的教学行为，促进了教师的专业发展，从这一侧面再次验证了本课题的成效。

（二）促进了思维培养

案例：设计测量小灯泡电功率的实验方案

参与课题前未能充分利用学生资源的教学过程：

教师：如何设计测量小灯泡电功率的电路？同学们先思考，我们需要测量什么物理量？

学生：需要测量电流、电压。

教师：那需要什么测量工具？

学生：电流表和电压表。

教师：电流表如何接入电路？电压表如何接入电路？（边引导学生说出电表的连接方法边在黑板上画出由灯泡、电流表、电压表、电源以及开关所构成的基本电路）

教师：在这个电路中闭合开关后，我们可以获得几组实验数据？

学生：一组数据。

教师：一组实验数据会不会缺乏科学性？怎样改进电路可以实现多次测量？（引导学生说出使用滑动变阻器，全程由教师逐步在黑板上画出实验的电路图）

【教学反思】

通过逐步引导的方式来给出实验的电路图，这使得学生失去了一个设计电路的机会，学生表面上看似可以理解电路设计的思路，但没有真正经历自主发现问题、思考问题，并解决问题的过程，不利于培养学生的科学思维，这种被动接受知识的方式往往带来基础不扎实、理解不透彻的问题，所以当题目发生一点变化，学生又会犯错。

将学生资源应用于课堂教学，对教学进行改进：

教师：如何设计测量小灯泡电功率的电路？现在老师给同学提出三个问题作为指引，同学们边思考问题，边设计电路，在导学案中画出你所设计的电路图。

问题1：思考本实验需要测量什么物理量？如何测量？

问题2：你所设计的电路能实现多次测量吗？怎样进行？

问题3：能改进你所设计的电路，使其更方便进行多次测量吗？

学生开始思考问题并设计电路，教师进行巡视，拍照记录学生所设计的各种电路图，通过多媒体进行展示。首先展示一些作图不规范的例子，让学生纠正其不规范的问题，加强学生作图的规范性；其次展示没有设计滑动变阻器的电路图，由设计者来介绍如何进行多次测量，其他学生对其方法进行评价；最后展示改进的电路图，就是加入滑动变阻器，再由学生说出滑动变阻器的作用。

（龙湖实验中学 陈继红）

从实验原理到实验设计的过程，是思维培养的重要途径，是科学论证的过程，在改进案例中，教师用三个问题，引导学生一步一步地画出实验设计电路图，培养学生按需设计的思想，使学生获得设计实验方案的基本思维方法。

（三）规范了实验操作

案例："串、并联电路中电压的规律"教学

参与课题前"串、并联电路中电压的规律"实验过程教学片段：

教师（黑板演示）：现在我们来根据电路图连接实物，大家注意观察老师的连接方法以及连接过程中的一些注意事项：来，我们先按照电路图摆放好器材，然后从电源的正极出发，依次连接各元件……连接时要注意开关要处于什么状态？

学生：断开。

教师（演示）：连接好电路，我们先关闭开关检查一下电路是否有问题。然后再分别测出 AB、BC、AC 间的电压，这时候我们应该把电压表怎样连接入电路中？

学生：并联。

教师（演示）：好，那我们先将电压表并联在灯泡 L_1 两端，也就是 AB 之间，好，闭合开关，大家读一下电压表的示数，注意读数时要正对着表盘……此时，U_{AB} 等于多少？大家读出来并记录在课本的实验数据表格里。

学生观察黑板上的演示电压表示数，读数并进行记录。

教师：接下来我们来测灯泡 L_2 两端电压和电源电压，先断开开关，把电压表分别并联到 L_2 两端和电源两端，大家同样读出示数并记录下来（操作演示）。

学生观看教师演示，读数、记录。

教师：接下来我们来看一下刚才实验得出的数据，你能得出什么结论？

学生：在串联电路中，电源两端电压等于各用电器两端电压之和。

…………

【教学反思】

通过演示实验可以让学生学习如何规范地进行实验操作，对于一些实验中的注意事项也做了强调，但是没有让学生自己进行操作，学生未经历自己动手做实验并进行数据搜集与处理的过程，对问题处理和解决方法的技巧认知不深刻，对学生的核心素养方面的培养也比较弱。而且，只有教师演示的数据，不具备普适性，不利于树立学生的科学态度与科学信念。

【教学改进】

教师：请同学们讨论，做这个实验我们需要哪些实验器材？它们的作用各是什么？然后画出实验电路图。

学生讨论，完成实验器材的选择和实验方案的设计。

请一位学生将电路图画在黑板上（如图2－14所示）。

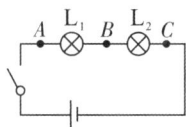

图2－14

教师：实验时要测出哪些数据？怎样正确使用电压表？

学生思考后回答（可以把电压表分别并联在电路 AB 两点、BC 两点、AC 两点，测量电压值），并正确叙述电压表使用方法。

教师根据本实验的要求引导学生设计表格。

学生根据实验目的的要求，设计好实验准备记录。

学生分组实验。

教师巡视，指导学生做实验。同时对学生不规范或错误的操作及时拍照记录。

学生将读出的实验数据填入设计好的表格里。

教师将学生实验记录的数据拍照后用同屏技术投影到屏幕上。点评实验，表扬实验中学生的闪光点。

教师提问：表格中记录的数据有什么规律？你能得到什么结论？

学生综合各组的实验数据，归纳总结得出串联电路电压关系：在串联电路中电源两端电压等于各用电器两端电压之和。表达式：$U = U_1 + U_2$。

交流评估：教师出示学生在实验操作时出现的一些典型问题的照片，例如电压表正负接线柱接反、量程选错、电压表串联、连接电路时开关未断开、读数时没有正对表盘刻度等，由学生描述现象并分析出现该现象的原因。

（广二师附中　赖思仰）

从这个案例中，我们看到开发和利用学生资源，促进了实验的规范操作，提升了教学效果。利用学生资源，让学生在探讨中自己设计实验能有效提高学生的科学思维能力，使学生养成科学态度。让学生分组自主实验，可培养学生的动手操作能力和运用表格分析数据、解决问题的能力。使用同屏技术将各实验小组的数据收集投影，方便学生评估交流、分析总结，同时使实验结论更具普遍性。收集学生实验中容易出错的地方，作为良性主动资源处理，供后面评估交流，展示学生实验中的一些错误操作，由学生分析"错在哪""如何改正"，对正确操作方法起到巩固加强的作用，学生更能印象深刻。同时可提高学生通过现象分析问题和解决问题的能力，引导学生在失败中获取经验，规范实验操作，提高科学素养与动手能力。

三、学生在教学方法改进后的成长

（一）测量小灯泡的电功率
1. 改进实验设计教学后学生对学习效果的反馈

课堂上，老师随时将同学们的答案进行展示，并由同学自己来给予评价，我觉得这种方式对我的冲击性很强。有些同学所犯的错误正是我的错误，这使我感同身受，我更愿意参与讨论导致错误的原因，并找出解决问题的方法。经过一轮轮和同学们激烈的讨论，加上老师的引导，我们最终找到正确的答案，这个过程让我特别快乐并有成就感，它让我感受到了学习物理的乐趣。

［初三（5）班　陈睿一］

我设计的电路图被老师展示了，不过是作为错误的典范展示，有同学指出了我作图的不规范之处，虽然我内心很不好意思，但我很认同同学的说法，正因为这个展示使我印象深刻，我想以后我在电路图的作图上永远不会再犯这种错误了。

[初三（13）班　王林钊]

　　老师展示同学们的答案，许多同学，包括我，一开始设计的电路里并没有使用滑动变阻器，我们都认为改变电源电压就可以多次测量，通过讨论，大家才发现利用改变电源电压来达到改变灯泡两端电压目标的方法是具有局限性的，而利用滑动变阻器，既可以起保护电路的作用，又方便调节，这使我更进一步理解了滑动变阻器在电学实验中所起的调节作用，它既可以控制元件两端电压不变，也可以专门调节改变元件两端的电压，非常有用。

[初三（12）班　陈烁琳]

　　2. 实验数据收集和分析教学环节的改进
　　（1）参与课题前未能充分利用学生资源的教学过程。
　　教师展示某个实验小组的实验数据，引导学生观察数据并分析结论，最终引导学生整理出实际功率与额定功率的关系，并得出结论：灯泡的亮度决定于灯泡的实际功率。
　　（2）将学生资源应用于课堂教学，对教学进行改进。
　　将探究过程分成三个任务：任务一是设计记录实验数据的表格，测量小灯泡的电功率并记录数据于表格中；任务二是分析数据，得出实际电压与额定电压、实际功率与额定功率的关系；任务三是分析灯泡亮度的决定因素。以上任务在导学案中呈现，在学生完成导学案后，教师选择一些典型答案进行展示，由学生对展示出来的答案进行评价分析，最终由学生自主总结出结论，教师只在过程中起引导和纠正的作用。
　　（3）改进后，学生对学习效果进行反馈。

　　在探究环节，我们小组记录的实验数据被老师展示出来了，由于在实验中我们是通过调节滑动变阻器使灯泡两端电压变化的，同时看到灯泡的亮度发生变化，所以我们认为决定灯泡亮度的因素就是滑动变阻器。同学们一致认为我们组的结论是错误的，老师让其他组同学利用实验操作来推翻我们的结论，这时有同学上台将电路中的滑动变阻器拆除，利用改变电源节数的方式改变灯泡两端电压，灯泡的亮度也随之发生变化，轻松推翻了我们的结论。我们在表示赞同的同时，也深感我们组对实验数据的分析缺乏深入思考和讨论，这是不好的，应该多向其他组同学学习，养成多角度思考问题的习惯，锻炼思维能力。

[初三（12）班　崔润楷]

在课堂上，老师展示了一些同学的错误，并予以分析，也引起我们的重视。通过讨论他们的错误之处，加深了我的印象，也进一步理解了灯泡亮度取决于实际功率的原因，这有利于我以后的学习，可以使我避免出现相同的错误。

[初三（5）班　谢明楷]

（二）探究串、并联电路电压的规律

我被老师叫到黑板上画了电路图，有点紧张，虽然是很简单的一个电路图，但是被老师表扬了还是很开心。后面一直都很认真地投入课堂中，做实验的过程中会更加积极地发挥，还帮助同组的同学解决了一些小问题，大概是有了"荣耀光环"笼罩吧。通过动手实验，我感觉自己达到了老师课前给我们提出的学习目标，对串、并联电路的电压规律了然于胸，做题过程中也可以比较自如地应用。

[初三（2）班　黄丹炀]

做实验过程中，我忘记把开关关闭，所以当我把最后一根导线触碰到接线柱上，灯马上就亮了，原来老师一开始就发现了我的问题，一直在我旁边"蹲"着，就等着我"亮灯"呢，然后就被老师抓拍，发到了平台上。其他同学引以为戒，反正这个问题我是牢牢地记住了，这辈子都不会再犯第二次了。想不到自己竟然也有机会成为题目的"触发源"，还是挺开心的，毕竟我不是唯一犯这个错误的人，还有人将电压表正负接线柱接反的，读数没有正对表盘的……大家在嬉笑中审视自己的错误，发现问题、解决问题，规范操作，而且铭记于心。整节课的收获还是很大的。

[初三（2）班　柯欣彤]

综上，通过学生资源的开发与利用，学生实现了积极的变化和发展。教师应充分重视学生资源的开发和利用，激发学生的学习兴趣和主动性，让学生更加主动参与学习过程，以自己的方式探索学习知识，促进学生间的相互合作和交流，共同完成任务。教师还应为学生提供更多的机会和支持，帮助他们充分发挥自己的潜力，成为有自信、有能力应对未来挑战的年轻人。

第三章　核心素养导向下的初中物理单元教学设计研究

第一节　研究概述

一、研究背景和意义

（一）研究背景

围绕大概念和基于学习进阶的教学设计成为当前中学物理教学设计的研究热点，其焦点在于如何以整合的视角整体性地建构学生的学习过程。但是，基于课时的教学设计仍是中学物理教学的实态与常态。虽然课时是教学活动的基本单位，但基于课时的教学设计易导致知识的碎片化，学生难以构建完整的知识结构，不能更好地落实物理学科核心素养。2022 年 4 月，《课标》颁布，其最大的特点是彰显核心素养导向，让核心素养落地，倡导探索大单元教学，积极开展主题化、项目式学习等综合性教学活动，促进学生举一反三、融会贯通，加强知识间的内在关联，促进知识结构化。物理课堂教学作为发展学生核心素养的主阵地，迫切需要能将物理观念、科学思维、科学探究和科学态度予以整合的课堂教学形式，使教学更强调知识和技能的结构化与整体性。单元教学设计是指以一个单元学习内容为整体，既能统筹、规划统揽全局，又能按步骤有序地开展教学活动，以取得最佳的教学成效。因此，"单元教学设计"因其整体性和结构化的特点而成为落实新课标、践行物理学科核心素养的新抓手。

查阅已有文献，笔者发现单元教学设计和单元教学的研究虽日渐增多，但这些研究和实践大多数是针对高中阶段，而对于初中，此类研究相对较少。初中阶段是小学和高中的衔接学段，汕头市龙湖区的初中教学水平相对落后，初中物理单元教学较少有相关的教学研究和实践。但是，以结构化的课程内容来落实单元教学，培养学生的核心素养，是课改的方向，推行势在必行。基于上述背景分析，本研究具有以下三点重要的研究意义。

第一，在单元维度上整体规划核心素养目标，更利于本区学生物理学科核心素养的生成。

第二，重构核心素养导向的中学物理教学方式，提高本区课堂教学的有效性。

第三，顺应新课程改革的需要，切合《课标》的主旨与精神。

（二）应用价值

粤东相对于广东珠三角地区，属于经济和教育落后地区，面对年复一年的教学生涯，一些教师提不起精神。通过单元设计重组教学内容，真正达到"用教材而不是教教材"，对教师而言是新的刺激和挑战。本研究有利于课题组教师重新思考课堂教学的实施，掌握新的教学技能，如单元教学设计的流程、开展主题教学的方法。案例的推广将使受众面更广，更多的教师能参与进来，提升专业水平。此外，另一个实践的意义就是学生层面，通过主题单元的学习，他们对大概念、大观念的理解更清晰，有利于知识结构化；学生可通过学习任务的达成倒逼知识块的学习，收获解决问题的方法能力，有效提升科学素养。

（三）学术价值

本研究对教材进行了二次重组，重组的依据是《课标》的课程内容主题、教材内容，以及核心素养中的物理观念、科学思维和科学探究的发展进阶，使教学的实施直指核心素养的提升。当然，在落实每一个具体的案例时，核心素养的四个维度应有体现，也各有侧重。通过对教材内容的挖掘和重组，单元教学设计的目标指向更明确，为教学提供了更多的可能，达到知识与技能结构化、思维的进阶和从解题走向解决问题的目标，从而使素养培养更明显有效。

二、国内外研究现状述评

（一）核心素养

国外研究方面，联合国教科文组织提出了适合学生终身学习的核心素养，如：学会求知、学会做事、学会共处、学会生存、学会改变。① 欧盟、日本、美国、新加坡对核心素养都有相关的论述和教育实践。2005 年，经合组织对核心素养内涵进行了界定，对核心素养的概念化和测量方式方法进行了研究，并建构了核心素养的总体概念框架。随后，欧盟首次提出核心能力的概念，并提出 8 项核心素养的教育主张。美国于 2002 年制定了《"21 世纪素养" 框架》②，并决定通过课程改革来体现核心素养研究、提高学生的创新能力。21 世纪以来，日本的核心素养研究以 "能力" 为培养目标，且从 "生存能力" 转向 "思考力"，强调数理力、语言力、实践力和信息力，形成日本特有的核心素养研究理论。

国内研究方面，林崇德（2013）启动了 "学生核心素养总体框架研究"。③ 辛涛等（2016）在《基于学生核心素养的课程体系建构》④ 中提出，我国基于核心素养的课程应有具体化的教学目标、准确的内容标准、优秀的教学建议、统一的质量考核标准。张娜（2015）列出了核心素养指标框架。⑤ 蔡清田（2011）对 "核心素养" 做了详细的定义⑥。

《课标》将核心素养明确写入课程目标中，指出核心素养是课程育人价值的集中体现，是学生通过课程学习逐步形成的适应个人终身发展和社会发展需要的正确的价值观、必备品格和关键能力。物理课程标准要培养的核心素养，主要包括物理观念、科学思维、科学探究、科学态度与责任。

（二）单元教学设计

国外研究方面，美国 Gary D. Borich 从系统观角度分析了单元与课时的关系，他认为单元应该是整体大于部分之和，学习成效是通过整体计划的共同作用产生的结果。温·哈伦在《科学教育的原则和大概念》中提出 "理解一些科学上有关的大概念，包括科学概念以及科学本身和科学在社会中所起作用的

---

① 联合国教科文组织. 学习：财富蕴藏其中 [M]. 北京：教育科学出版社，2014.
② Framework for 21st Century Learning [EB/OL]. https://www.battelleforkids.org/wp-content/uploads/2023/11/P21_framework_0816_2pgs.pdf.
③ 林崇德. 中国学生核心素养研究 [J]. 心理与行为研究，2017，15（2）：145-154.
④ 辛涛，姜宇，王烨辉. 基于学生核心素养的课程体系建构 [J]. 北京师范大学学报（社会科学版），2014（1）：5-11.
⑤ 张娜. 联合国教科文组织的核心素养研究及其启示 [J]. 教育导刊（上半月），2015（7）：93-96.
⑥ 蔡清田. 课程改革中的 "素养" [J]. 幼儿教保研究期刊，2011（7）：1-13.

概念"就兼顾了内容及过程大观念，同样彰显了学科价值。① 美国学者格兰特·威金斯和杰伊·麦克泰在《理解为先模式》中指出，单元教学设计是一个框架，优质的设计是"逆向"设计，他们提出通过三阶段的"逆向设计"规划课程单元教学活动②；美国学者辛妮·沃克提出了围绕大观念的线性链课程设计模式。这些模式对单元教学有很好的借鉴作用。

国内研究方面，马兰（2012）在《整体化有序设计单元教学探讨》中将"整体化"思想作为单元教学设计的理论依据，探讨了单元教学设计的内涵与价值，阐述了单元教学设计的操作步骤。胡久华、胡银屏（2014）在《促进学生认知发展的单元整体教学——以化学教学为例》③ 中强调了单元整体教学是实现教学目标多元化、教学方式多样化、实施整合教学的有效策略。钟启泉（2015）在《单元设计：撬动课堂转型的一个支点》④ 中认为，单元设计是教师活动的永恒主题，但"单元设计"长期缺席我国教育界，由此滋生许多教育乱象，他从核心素养的视角切入，探讨了"单元设计"的意义与价值。钟启泉（2017）还在《学会"单元设计"》⑤ 一文中提出"单元避免了传统教学中将知识分为琐碎的知识点来处理，取而代之的是将所授内容有机地组织为一个模块单元"。

上述研究对单元教学设计的观点不一，其内涵表述也略异，研究考虑了教学需求水平以及如何使"单元"更具意义，且不限于课本的条条框框。

（三）核心素养与单元教学设计

我国关于物理知识单元教学设计研究侧重点各异，且数量较少，多数侧重于对单元教学模式的基本介绍。近年来，学界对物理知识单元教学进行了重新认识，研究大致可分为以下几类：

（1）以中学物理某一教学单元为例，先论述单元教学设计的基本模式，再按照其模式开发相关的单元教学设计案例，但是个别论文并未厘清"单元"与"章"的区别，只是机械地将教材的"章"划分为"单元"，如叶科良

---

① 哈伦. 科学教育的原则和大概念［M］. 卫钰，译. 北京：科学普及出版社，2011.
② 威金斯，麦克泰. 理解为先模式［M］. 盛群力，沈祖芸，柳丰，等译. 福州：福建教育出版社，2018.
③ 胡久华，张银屏. 促进学生认识发展的单元整体教学——以化学教学为例［J］. 教育科学研究，2014（8）：63－68，76.
④ 钟启泉. 单元设计：撬动课堂转型的一个支点［J］. 教育发展研究，2015，35（24）：1－5.
⑤ 钟启泉. 学会"单元设计"［J］. 新教育，2017（14）：1.

（2019）的《初中物理浮力单元教学设计研究》[①]。

（2）尝试将各类个性化教学手段（微课、概念图、思维导图等）应用到物理单元教学设计中，或者在 TPACK 视域、深度学习视域等不同维度对物理单元教学进行研究，如胡茂利（2018）的《基于微课的单元教学设计研究：以高中物理选修 3 – 1〈静电场〉为例》。[②]

（3）针对物理高中学段，结合《课标》所指出的高中物理核心素养要素来阐述物理知识单元教学的重要性，并简单介绍单元教学实施的步骤及方法，如胡科杰（2018）的《基于核心素养的高中物理单元教学设计》。[③]

（4）针对初中学段，较多的是概述在培养学生核心素养的教育诉求下如何实施单元教学，并强调初中物理教学过程中"探究式学习"的重要性，如李爽、曹永军（2018）的《核心素养视域下的初中物理单元教学设计》。[④]

上述基于核心素养的物理知识单元教学的研究仍然不够丰富，目前还没有从物理学科特色出发对核心素养导向下单元教学进行系统论述的期刊文章或学位论文。

三、课题研究的理论依据

1. 课程方案和课程标准

义务教育课程方案是纲领性文件，对本课题有重要指导意义。其强调探索大单元教学，积极开展主题化、项目式学习等综合性教学活动，加强知识的内在关联，促进知识结构化。要创设以学习者为中心的学习环境，凸显学生学习的主体地位，引导学生自主规划、自我监控，形成良好的思维习惯。强化过程评价，创新评价方式和方法，重视对学习过程的观察、记录与分析，倡导基于证据的评价。注重动手操作、作品展示、口头报告等多种方式的综合运用，关注典型行为表现，推进表现性评价。

而《课标》增加了"学业质量"的描述，并在内容要求、学业要求和教学提示方面给予课程标准化描述，是进行单元教学设计的重要依据，研究

① 叶科良. 初中物理浮力单元教学设计研究［D］. 重庆：重庆师范大学，2019.

② 胡茂利. 基于微课的单元教学设计研究：以高中物理选修 3 – 1《静电场》为例［D］. 重庆：重庆师范大学，2018.

③ 胡科杰. 基于核心素养的高中物理单元教学设计［J］. 物理教学探讨，2018，36（10）：29 – 31.

④ 李爽，曹永军. 核心素养视域下的初中物理单元教学设计［J］. 阴山学刊（自然科学版），2018，32（3）：169 – 172.

《课标》应成为单元设计的前置动作，《课标》是上位而重要的教学纲领。

此外，本书研究范围虽然是初中，但高中物理课程标准的研究，同样对于教师建立物理知识的结构有重要的意义，同时高中物理课程标准中对于学业质量不同水平的描述对本课题的学习进阶各个层级的"阶层"定位具有借鉴意义。

2. 布卢姆教育目标分类学理论

按照布卢姆的"教育目标分类法"①，思维有六种级别。后期进行的理论修正是：记忆、理解、应用、分析、评价、创造。记忆即对具体事实的记忆；理解即把握知识材料的意义，对事实进行组织，从而搞清楚事物的意思；应用即应用信息和规则去解决问题或理解事物的本质；分析即把复杂的知识整体分解，并理解各部分之间联系，解释因果关系，理解事物的本质；评价即基于准则和标准做出判断；创造即学生在心理上将某些要素或部件重组为不明显存在的模型或结构，从而产生一个新认识。他给出的认知层次列表，按照从简单到复杂的顺序排列。最简单的认知技能是对知识的回忆，最复杂的认知技能是对观点做出新的开发创作。

这对单元教学和课时教学的启示是，进行思维进阶的教学活动，就要从记忆、理解走向应用、分析和评价、创造。课堂教学中，需要设计有梯度的学习活动，让学生经历从理解概念、规律到应用概念、规律解决问题，实现从认知的低阶走向高阶。

3. 深度学习理论

刘月霞、郭华主编的《深度学习：走向核心素养（理论普及读本）》是教育部编写的理论普及读本，是本次课改的重要理论依据。深度学习是指在教师指导下，学生围绕具有挑战性的学习主题，通过积极探究实践，深刻掌握学科核心知识，运用核心知识解决实际问题。深度学习是一种理解性学习，和以识记、复述知识等为特征的浅层学习不同，深度学习强调深层次思考，即解释、思辨、推理、验证、应用等更有难度、更加复杂和更具综合性的学习结果，并强调能够将已经理解的知识应用于生活。深度学习的特征之一是联想与结构，强调学习者以往的经验唤醒或改造，融入当下教学，并得以提升、结构化，再进一步提升，实现思维向高阶递进。②

---

① 安德森，等. 布卢姆教育目标分类学：分类学视野下的学与教及其测评：完整版［M］. 修订本. 蒋小平，等译. 北京：外语教学与研究出版社，2009：50－66.

② 刘月霞，郭华. 深度学习：走向核心素养（理论普及读本）［M］. 北京：教育科学出版社，2018：72－83.

深度学习倡导单元学习。通过"选择单元学习主题—确定单元学习目标—设计单元学习活动—开展持续性评价"实现"教—学—评"的一致性，使核心素养可培养、可干预、可评价。深度学习理论详细阐述了进行单元教学设计的方法。如设计单元活动的步骤"是设计有挑战性的学习任务—对学习过程的困难做出预设—对学习活动进行检验优化学习效果"等。

深度学习理论对单元学习的阐述，是进行本课题的重要参考依据。但是，已有理论鲜少提供物理单元教学案例，需要课题组对理论进行认真的学习，并付诸实践，形成相关的做法和典型案例。

4. 逆向设计理论

威金斯和麦克泰在《理解为先模式》中提出"逆向设计"，所谓的逆向就是"反过来"的意思，也就是把目标前置。"逆向"立足于"输出端"，即学生的"预期学习结果"，而不是仅考虑"输入端"。如学习了这一单元，学生未来可以做哪些迁移运用呢？这种从"学习的结果"导向"获得这一结果需要通过哪些学习过程"的逆向思维，更有利于追求认知的结构化，使之成为一种反映专家思维的自然知识，在新的情境中可以被激活和运用。逆向设计的三个阶段是确定预期结果—确定合适的评估证据—设计学习体验和教学。

逆向设计理论先进行学习评价设计，再进行学习活动设计。该教学设计思路优化了单元教学设计的流程，从评价的角度审视学习的各个环节是否达到预期的预设，给学习观视角下的以生为本的学习打开了新的教学局面，使教师更重视对学习的观察，使"教—学—评"一体获得了达成的路径。

5. SOLO 分类理论

SOLO（structure of observed learning outcome）分类理论是一种可观察的学习成果结构理论，它对学习质量的评价水平进行了五个水平的划分，分别是：①前结构层次（prestructural）：学生基本上无法理解问题和解决问题，只提供了一些逻辑混乱、没有论据支撑的答案。②单点结构层次（unistructural）：学生找到了一个解决问题的思路，但就此收敛，单凭一点论据就跳到答案上去。③多点结构层次（multistructural）：学生找到了多个解决问题的思路，但未能把这些思路有机地整合起来。④关联结构层次（relational）：学生找到了多个解决问题的思路，并且能够把这些思路结合起来思考。⑤拓展抽象结构层次（extended abstract）：学生能够对问题进行抽象概括，从理论的高度来分析问题，而且能够深化问题，使问题本身的意义得到拓展。

SOLO 分类结构（见图 3 - 1）是一个由简单到复杂的层次类型，具体来说就是点—线—面—立体、系统的发展过程，思维结构越复杂，思维能力的层次也就越高。SOLO 分类的焦点集中在学生回答问题的"质"，而不是回答问题的"量"，它力求从学生的回答中分析出学生能够达到哪一思维层次。

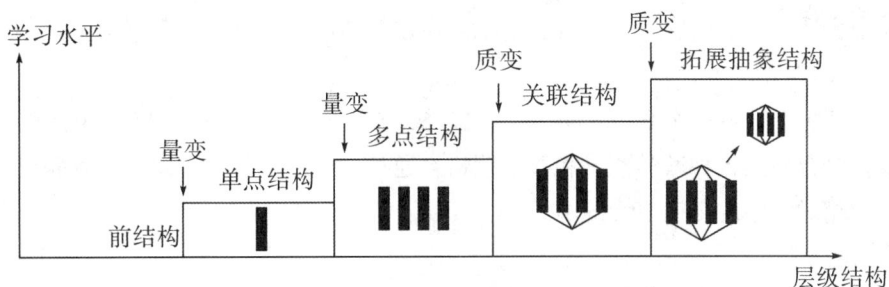

图 3 - 1　SOLO 分类评价理论的层级结构模型

SOLO 分类结构对本课题的意义是，教师在进行评价设计或单元作业设计时，对开放类问题或者真实情境问题的设计或解决结果的评价，应从这五种结构中进行判别，科学评价。

四、概念的界定

1. 学科核心素养

学科核心素养是学科育人价值的集中体现，是学生通过学科学习而逐步形成的正确的价值观、必备品格和关键能力。本课题的物理学科核心素养使用《课标》的界定，其内涵主要包括：物理观念、科学思维、科学探究、科学态度与责任。

2. 单元

指整体中相对独立且自成系统的组成部分。教学中的单元一般指依据《课标》，按照学科知识逻辑和学生认知规律，对内在联系比较密切的若干学习材料进行结构化组织而形成的学习单位。

3. 单元教学

根据实际教学需要，将教材和教学活动划分为相对独立又彼此联系的完整单元，制定相应的教学组织形式，选择恰当的教学策略和教学评价方式实施教学，以促进学生整体和谐地发展。

4. 教学设计

根据《课标》的要求和学生特点，将教学诸要素有序安排，确定合适的教学方案的设想和计划，一般包括教学目标、教学内容、教学方法、教学活动、教学环节、教学评价等部分。因此教学设计应根据现代教育理论和《课标》的要求，依托学科核心素养目标，对教学过程的主要要素进行系统分析，确定合适的教学内容，创设真实情境，通过教学活动，形成有序流程。

5. 单元教学设计

从一章或者一个单元的角度出发，根据章节或者单元中不同知识点的需要，综合利用各种教学形式和教学策略，通过一个阶段的学习让学习者完成对一个相对完整的知识单元的学习。[①]

6. 学历案

学历案以学生观的视角，突出学习经历的过程，是单元教学设计的呈现形式之一。指在班级教学情景下，围绕某一具体的学习单位，从期望"学会什么"出发，设计并展示"学生何以学会"的过程，以使学生自主建构起经验或知识的专业方案。

本课题研究的是怎样进行单元教学设计及汕头市龙湖区开展教学实施后的情况。

第二节　初中物理单元教学设计的现状调查

为更好地了解初中物理教师对单元教学设计的认识和实践情况，笔者对汕头市龙湖区初中物理教师展开问卷调查，从而为开展基于学科核心素养的单元教学设计及实践提供佐证，为课题的后续研究找到必要及可行的切入点。

根据研究目的，以物理单元教学设计的相关理论为基础，经相关专家指导，笔者设计了"核心素养导向下的物理单元教学设计的认知与实践现状调查问卷"，从教师维度来调查分析单元教学设计在当前初中物理教学中实施的必要性和可行性。虽然学生是教学的主体，但由于其自身角色的局限性，无法从全局角度观察到课堂以及其他学生的状态，无法接收到课堂中所有学生的反馈信息，且教学设计最终能否被落实到课堂中还是与教师息息相关。因此利用教师调查问卷，从教师维度来调查分析单元教学设计在当前初中物理教学中实施的必要性和可行性，是必要、可行且有价值的。

---

① 上海市教育委员会教学研究室. 中学物理单元教学设计指南［M］. 北京：人民教育出版社，2018：15 - 16.

调查问卷共设置了23题，具体问题及分析见后文。为了更好地印证问卷答案的可信度，笔者在问卷中加入了测试题。问卷的第9、10题调查的是教师对是否有必要进行单元教学设计以及单元教学设计对物理学科核心素养发展是否有帮助的看法，两题答案应该是较为一致的，若两题的回答之间存在较大差别，则判定该问卷为废卷。判定为废卷的问卷不参与最终的问卷分析。

一、调查问卷统计分析

第1~4题旨在了解该问卷调查对象的性别、学历、职称、教龄。

如图3-2所示，本科及以上学历占总人数的100%，一级教师占总人数的一半以上，10年以上教龄的一线教师占总人数的70%左右。表明本问卷调查对象的覆盖面较广、受教育程度高、教学经验丰富，能为后续课题的研究提供理想的参考建议和方向。

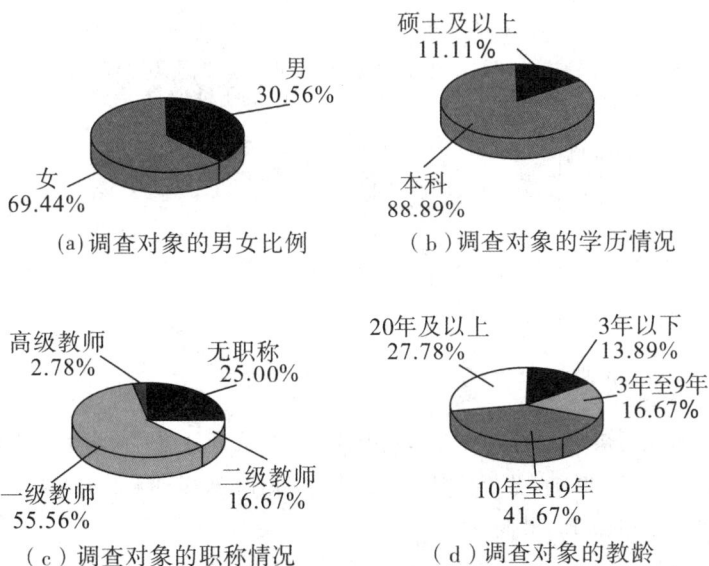

(a) 调查对象的男女比例　　（b）调查对象的学历情况

(c) 调查对象的职称情况　　（d）调查对象的教龄

图3-2　调查对象的基本信息统计

第5~6题旨在了解教师在教学过程中对各课时的考虑情况以及对知识点的处理情况。

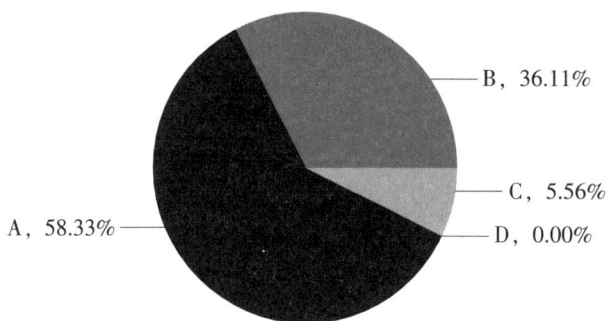

■A.每次都会考虑；■B 常常会考虑；▨C.偶尔会考虑；□D.从来不考虑。

图3-3 教师对各课时的考虑情况

第 5 题调查结果如图 3 - 3 所示，其中每次都会考虑的占总人数的 58.33%，而偶尔会考虑的占总人数的 5.56%。调查结果表明，绝大部分教师在实际教学中会从整个章节的维度去研究各课时的安排，而不是将各课时割裂开来考量。

6.（多选）在物理教学中遇到不属于同一章节但又具有一定联系的知识点时，您最常采取以下哪种方式？

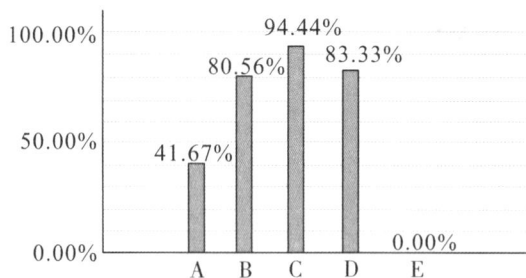

A. 将有联系的知识点编排在一起，集中教学；B. 在新授课时向学生提及知识点之间的关联性；C. 在复习时向学生提及知识点之间的关联性；D. 在讲解相关习题时向学生提及知识点之间的关联性；E. 其他。

图3-4 教师对各知识点的处理方式

第 6 题调查结果如图 3 - 4 所示，本题为多选题，对于不属于同一章节但又有一定联系的知识点，几乎所有教师都会选择在复习时向学生提及知识点之间的关联性，其次是在新授课以及讲解相关习题时提及，41.67% 的教师会选择将有联系的知识点编排在一起，集中教学。

第7~10题旨在了解教师对单元教学设计的认识和认同程度。

7.（多选）您了解过单元教学设计这一概念吗？

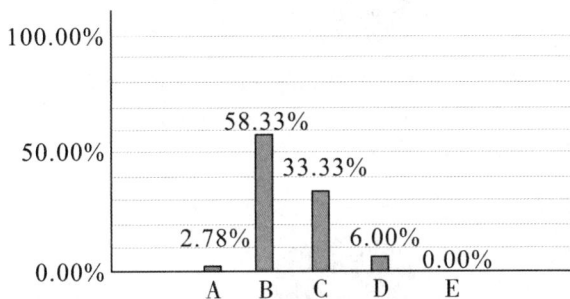

A. 非常了解（能够独立完成高水平的单元教学设计）；B. 比较了解（可以独立完成单元教学设计，但教学设计的质量不高）；C. 一般了解（了解单元教学设计的具体路径，但不能独立完成教学设计）；D. 不太了解（只了解一些零碎的信息）；E. 没有听说过。

8.您在日常教学中会进行单元教学设计吗？

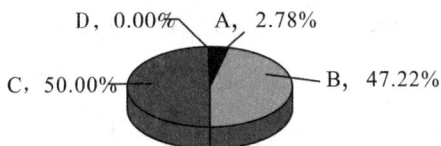

■ A.总是会；■ B.经常会；■ C.很少会；□ D.不会。

图 3 - 5　教师对单元教学设计的认识和落实情况

第7、8题调查结果如图3-5所示，结果表明只有6%的教师对单元教学设计的了解比较零碎，91.66%的教师开始尝试独立完成单元教学设计。除2.78%的教师在日常教学中总是会进行单元教学设计，也有97.22%的教师会进行单元教学设计。这表明所有被调查的教师对单元教学设计都有一定的认识，并且愿意在日常教学中进行单元教学设计。

9.您认为在物理教学中有必要开展单元教学吗？

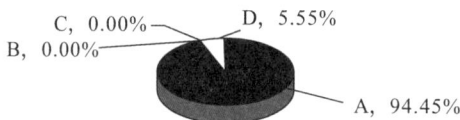

C, 0.00%　　　D, 5.55%
B, 0.00%
　　　　　　　　　　A, 94.45%

■ A.有必要；■ B.无所谓；■ C.没有必要；□ D.不清楚。

10.您认为单元教学对学生物理学科核心素养
的发展有帮助吗？

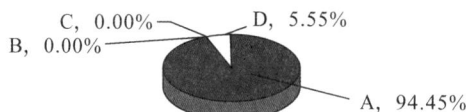

C, 0.00%　　　D, 5.55%
B, 0.00%
　　　　　　　　　　A, 94.45%

■ A.有帮助；■ B.帮助不大；■ C.没有帮助；□ D.不清楚。

图3-6　教师对单元教学必要性及作用的认识

　　第9、10题调查结果如图3-6所示，可以看出其中有94.45%的教师认为在教学过程中有必要开展单元教学，并且认为单元教学可以很好地落实物理学科核心素养，只有5.55%的教师表示不清楚，而这恰好与前面第7题中那6%选择不太了解的教师相呼应，这也表明对单元教学有了解的教师对于单元教学的认同程度也相应会比较高，认为大单元教学可以有效地落实物理学科核心素养。

　　第11~13题是关于优秀的单元教学设计应该具备的要素，以及进行单元设计时确定单元内容的方式。

11.（多选）您认为优秀的单元教学设计应具备
以下哪些特征？

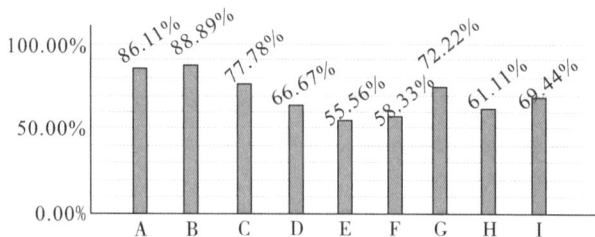

　　A. 核心素养目标统领性；B. 教学内容整合性；C. 教学任务情境性；D. 教学评价持续性；E. 教学评价多元化；F. 教学活动趣味性；G. 教学资源利用性；H. 教学进度可控性；I. 教学实践可操作性。

图3-7　优秀单元教学设计应具备的特征

第11题是优秀单元教学设计应具备的特征。调查结果如图 3-7 所示，图中显示 88.89% 的教师认为单元教学设计需要有单元教学内容整合性，86.11% 的教师认为要有核心素养目标统领性，77.78% 的教师认为要有单元教学任务情境性，69.44% 的教师认为教学设计出来后教学实践要有可操作性，55.56% 的教师认为教学评价要多元化。

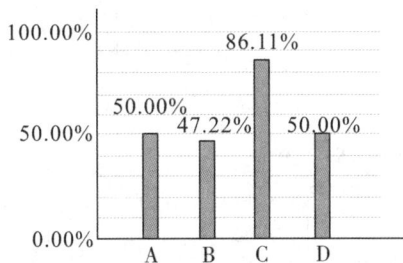

A. 直接根据教材给出的单元；B. 根据某一个问题或情境整合知识点，确定新单元；C. 根据知识点间的联系或学情重新整合知识点，确定新单元；D. 借用优秀教师设计好的单元框架进行修改。

图 3-8　教师确定单元的方式

第12题的调查结果如图 3-8 所示，教师在教学单元设计时大多会选择根据知识点间的联系或者学情重新整合知识点，并确定新单元，但也有 50% 的教师会直接根据教材给出的单元进行设计，或者直接借用优秀教师设计好的单元框架进行修改。

13.（多选）您进行单元教学设计的初衷有哪些?

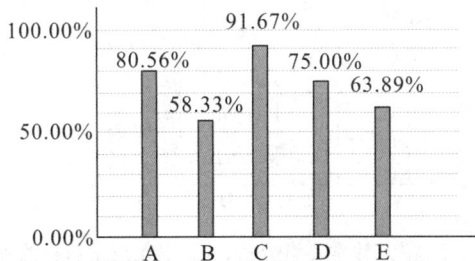

A. 能提高教学效率；B. 能激发学生的学习兴趣；C. 能将碎片化知识联系起来，形成知识网络；D. 能提高学生的物理学科核心素养；E. 能提高自己的专业素养。

图 3-9　教师进行单元教学设计的初衷

第13题的调查结果如图3-9所示，91.67%的教师进行单元教学设计的初衷是将碎片化知识联系起来，形成知识网络；80.56%的教师想要提高教学效率，想要以此提高学生的物理学科核心素养的占75.00%。

第14~16题旨在了解教师在进行单元教学设计过程中遇到的困难以及他们认为单元教学设计有何局限性。

14.（多选）您认为目前进行单元教学设计主要
存在哪些困难?

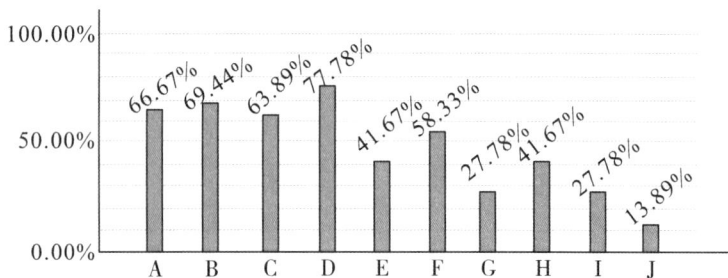

A. 学校主要以单课时教学设计进行集体备课；B. 单元教学设计没有配套的习题、试卷；C. 单元教学设计流程太复杂，费时费神；D. 课时紧张、教学工作繁重；E. 担心自己对教学内容的调整不够科学；F. 对单元教学内容中蕴含的物理方法培养、核心素养培养等挖掘不到位；G. 已经习惯单课时教学设计；H. 受到学生接受水平的限制；I. 教学面临升学压力，单元教学设计不利于培养学生的应试技能；J. 教师对单元教学设计的认识模糊。

15.（多选）您认为在进行核心素养导向的物理单元
教学设计时，哪个环节设计难度更大?

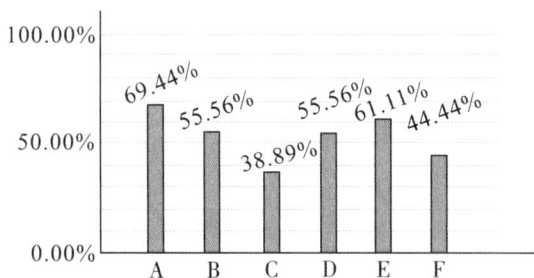

A. 单元的整体规划；B. 单元教学要素分析；C. 单元教学目标的确定；D. 单元学习任务的设置；E. 单元学习活动的设计；F. 单元评价的设计。

图3-10 单元教学设计的困难

16.（多选）您认为核心素养导向的物理单元教学
设计中可能存在的局限性是什么？

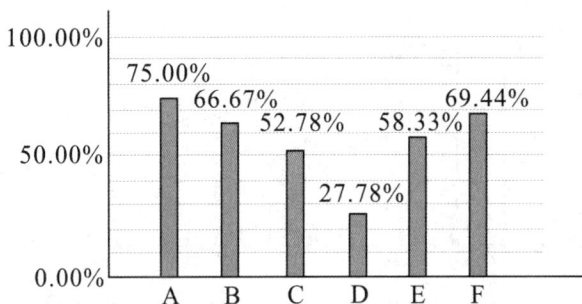

A. 时间较长，难以完成教学任务；B. 难度较大，缺少专家的指导；C. 短时间内实践效果不明显；D. 不利于基础知识的学习与巩固；E. 没有足够的教学资源支持；F. 需要建立学科队伍，靠个人能力很难完成。

图 3 - 11　单元教学设计的局限性

第 14 ~ 16 题的调查结果如图 3 - 10、图 3 - 11 所示，77.78% 的教师认为教学实践中进行单元教学设计的主要困难是课时紧张、教学工作繁重，不知道如何合理安排各单元教学时间；63.89% 的教师认为单元教学设计流程太复杂，费时费神；69.44% 的教师认为单元教学设计没有配套的习题、试卷，因此没有对应的学生评价手段，同时学校也多数以单课时进行集体备课。如果以培养学生核心素养为导向的话，有 69.44% 的教师认为难度较大的设计环节是如何合理地对单元进行整体规划，也有 61.11% 的教师认为单元学习活动的设计难度较大。

第 17 ~ 18 题旨在了解学生评价现状以及教师认为在实施单元教学评价时考虑的因素。

17.（多选）您日常教学过程中进行学生学习评价
时，以什么评价为主?

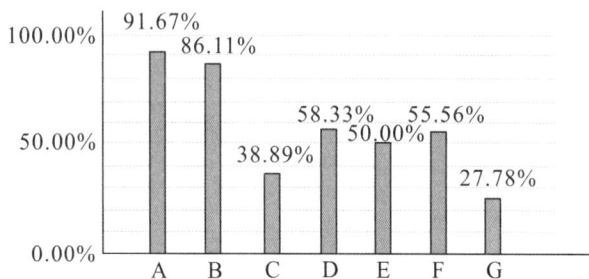

A. 学生完成教材课后题、练习册或练习卷等的情况；B. 学生日常测试成绩；C. 学生完成调研报告类作业质量；D. 学生完成操作实验类作业质量；E. 学生对物理学习的兴趣程度；F. 学生对知识的口头表达能力；G. 学生间的相互评价。

图 3－12　单元教学评价的主要评价对象

18.（多选）您认为在实施单元教学评价时需要参考哪些因素?

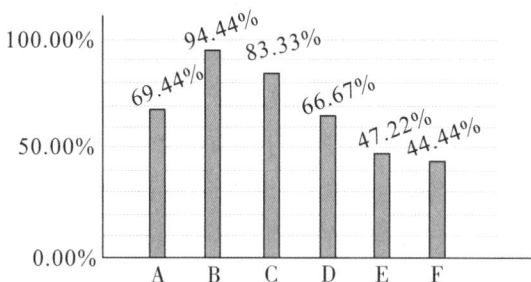

A. 学生纸笔测验成绩；B. 学生课堂表现；C. 学生作业完成质量；D. 学生学习态度变化；E. 学生操作实践作业（视频）；F. 学生学习基础。

图 3－13　单元教学评价考虑的因素

第 17～18 题的调查结果如图 3－12、图 3－13 所示，从图中可以看到绝大部分教师仍采用传统的纸笔作业评价为主，如课后练习以及平时测试，只有小部分教师会采用学生完成调研报告以及学生间的相互评价的形式。而 94.44% 的教师认为在实施单元教学评价时应注意学生的课堂表现，83.33% 教师认为要看学生的作业完成质量，69.44% 的教师考虑学生的纸笔测验成绩，选择学生操作实践作业（视频）的只有47.22%，说明目前的教学评价手段依旧比较单一，以及教师对学生评价以纸笔作业成绩为主导。

第 19～20 题旨在了解教师撰写教案的情况以及他们对学历案的了解情况。

19. 您认为进行单元教学设计时要如何撰写教案呢?

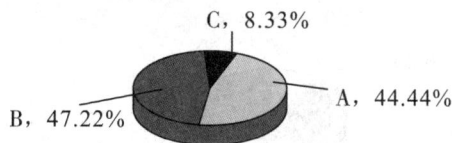

A. 和原来一样，只是按规划好的单元将各课时整合在一起；B. 借用优秀教师设计好的单元教案，根据学生学情进行修改；C. 传统教案已不适用于单元教学设计，需开发新的单元教学设计框架。

图 3 - 14　单元教学设计的教案撰写

20. 您了解过学历案吗?

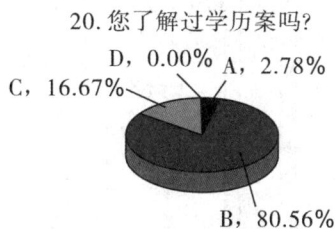

A. 非常了解；B. 一般了解；C. 不太了解；D. 没有听说过。

图 3 - 15　对单元教学设计学历案的认识情况

第 19 ~ 20 题的调查结果如图 3 - 14、图 3 - 15 所示，从图中可以看到 47.22% 的教师能意识到在进行单元教学设计时，传统的教案已不再适用，而是需要开发新的单元教学设计框架；44.44% 的教师会选择直接借用优秀教师设计好的单元教案，再根据学生学情进行修改。约有 97.23% 的教师对学历案有一定程度的了解。

第 21 ~ 23 题旨在调查在进行大单元教学设计时，教师需要得到哪些帮助。

21. 您认为有必要对教师进行系统的单元教学设计理论培训吗?

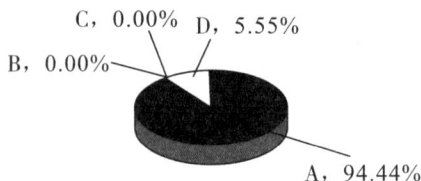

C, 0.00%　D, 5.55%
B, 0.00%
A, 94.44%

A. 有必要; B. 无所谓; C. 没有必要; D. 不清楚。

22.（多选）在进行核心素养导向的物理单元教学
设计时，您最希望得到哪项帮助?

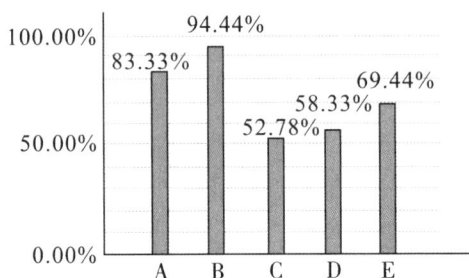

A. 提供单元教学设计流程指导; B. 提供单元教学设计的经典案例; C. 参加单元教学设计听课活动; D. 提供单元教学评价的指导; E. 提供单元教学设计课程资源。

图 3 - 16　单元教学设计的理论培训需求

23.您参与过单元教学设计相关的教学研讨会或培训吗?

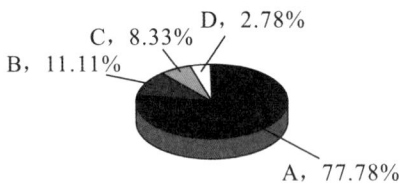

C, 8.33%　D, 2.78%
B, 11.11%
A, 77.78%

A. 参与过区或市教研活动; B. 学校有组织教研活动; C. 自己正在做相关的课题;
D. 没有。

图 3 - 17　单元教学设计的落实情况

第21～23题的调查结果如图 3 - 16、图 3 - 17 所示，从图中可以看到 94.44% 的教师认为有必要对教师进行系统的单元教学设计理论培训，并且希望能够获取单元教学设计的经典案例; 83.33% 的教师希望能够得到单元教学设计流程的指导，其次是相关的课程资源。而 77.78% 的教师参与过区或市关于单元教学设计的教研活动，11.11% 的教师表示学校有组织相关的教研活动。

二、调查结论

调查结果显示，大部分初中物理教师认为单元教学能够有效促进学科核心素养的落实，具有显著的优势，绝大多数教师愿意参与单元教学设计相关改进的探索中，但在实际教学过程中需要解决的问题还有很多，比如：

（1）教师的研究水平有限，无法尽快学会单元教学的精髓，多数教师停留在借用以及模仿阶段，没有真正理解单元教学的意图，尽管愿意深入研讨，但由于教学资源、学校情况限制，有些教师仍然较多地应用课时教学，单元素养目标难以达成。

（2）需要开发新的单元教学设计框架，传统的教案已不再适用于单元教学设计。

（3）教学的时间有限，每个学期的教学课时是固定的，并且一线教学面临着期中和期末考试的任务，如何在有限的时间里，在完成教学进度的基础上，实现单元教学和课堂的转变，需要教师和学校进行合理的协调和规划。

（4）需要构建单元教学评价体系。根据调查结果可以看到，目前教学实践中学生评价的手段比较单一，并且以纸笔作业、试卷为主，在设计单元教学时加入实践性类评价或者设计学习活动，大部分教师认为有难度。

（5）教师需要单元教学相关的专业指导和培训。调查显示仍有教师对于如何进行单元教学存在理解上的不足，为了解决初中物理教师在落实物理学科核心素养和单元教学中面临的问题，有关部门需要提供专业的培训和指导。比如，提供针对单元教学的培训课程，帮助教师深入了解单元教学的核心理念和具体实施方法。培训内容可以包括如何设计单元教学目标、如何整合教学内容、如何设计单元教学任务和活动、如何对学生进行评价等，让教师能够系统地学习和掌握大单元教学的核心要素。

综上所述，在初中物理教学过程中开展基于物理学科核心素养的单元教学设计的研究有其现实需求且是必要的，同时此次问卷调查也为本研究指明了方向，致力于在当前有限的教学环境下，为初中物理教师提供有实践性意义的单元教学设计案例。

第三节　初中物理单元教学设计的关键技术

一、单元的划分

刘月霞、郭华主编的《深度学习：走向核心素养（理论普及读本）》中提出了四个确定单元学习主题的依据①，分别是学科课程标准、学科教材内容、核心素养的进阶发展、学生实际情况。在依据的基础上提出了确定单元学习主题的四种思路：一是按照教材章节的主要内容来组织；二是按照学科核心素养发展的进阶来组织（甚至可以打通年级及学段，跨教材进行整合来确定单元学习主题）；三是按照主题性任务来组织；四是按照真实情境下的学习任务跨学科来组织（见图3-18）。

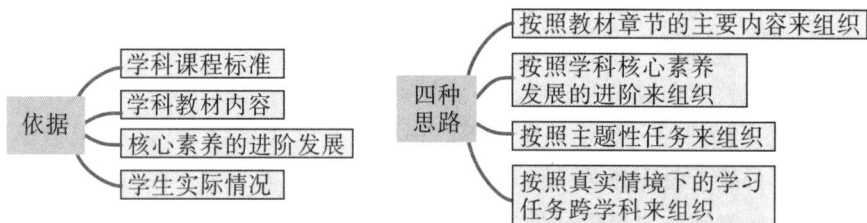

图3-18　确定单元学习主题的依据及思路

依据物理学科的特点和汕头市龙湖区物理教师目前的教学水平的现状，以及开展研究的难度，我们进行了以下探究：

（一）整合《课标》和教材划分单元

《课标》的课程内容框架本身就具有很强的结构性，它将初中物理在知识内容上划分为物质、运动与相互作用、能量，每个一级主题下有若干个二级主题。而初中物理人教版教材是由专家团队编写，教材的章节内容具有较强的关联性、结构性，有利于学生整体理解学习内容，自主建构知识体系，教材结构

---

① 刘月霞，郭华. 深度学习：走向核心素养（理论普及读本）［M］. 北京：教育科学出版社，2018：72-83.

的科学性是可以充分保证的，将教材的章节规划作为新授课的单元是最直接最有效的做法。因此将《课标》和教材进行整合，我们可进行单元的划分。以"力"单元为例，结构设计如表3－1所示。

表3－1　"力"单元结构设计

《课标》	2.2.3　通过常见事例或实验，了解重力、弹力和摩擦力，认识力的作用效果。探究并了解滑动摩擦力的大小与哪些因素有关。 2.2.4　能用示意图描述力。会测量力的大小。了解同一直线上二力合成。知道二力平衡条件。 2.2.5　通过实验和科学推理，认识牛顿第一定律。能运用物体的惯性解释自然界和生活中的有关现象。	
教材 八年级下	第七章　力 第1节　力 第2节　弹力 第3节　重力 第八章　运动和力 第1节　牛顿第一定律 第2节　二力平衡 第3节　摩擦力	
单元主题： 力	小单元1：力	2课时
	小单元2：弹力、重力	3课时
	小单元3：牛顿第一定律、二力平衡	2课时
	小单元4：摩擦力	1课时

　　教学的过程，仍然尊重教材的顺序，按章节逐一推进教学。但将第七、八章的内容作为一个单元进行考虑，主要是为了构建"力"这一物理核心概念，将力、重力、弹力、摩擦力的概念作为认知的同一层级来考虑。而又由于研究摩擦力需要用到二力平衡的知识，因此，将牛顿第一定律和二力平衡的教学置于摩擦力的教学之前。

（二）依据《课标》主题划分单元

这种情况主要针对复习课。复习课更能凸显知识的内在联系和结构。通过学习，学生逐步建立起正确的物质观、运动与相互作用观、能量观。从观念的视角进行单元的划分会导致主题范畴比较大，并不适合新课的学习，但是可以作为复习阶段的一种单元规划，使学生从更高层面重新认识原来的学习内容，形成清晰、系统的物理观念，进而引导学生从物理学的视角正确描述和解释自然现象，灵活运用所学的知识解决实际问题。以"力"单元为例，结构设计如表 3 – 2 所示。

表 3 – 2 "力与运动"单元结构设计

单元主题：力与运动	小单元 1：力	重力、弹力、摩擦力
	小单元 2：运动的描述	路程、时间、速度、静止、运动
	小单元 3：力与运动	牛顿第一定律、二力平衡

力与运动的主题是构建力与运动两者的关系，将牛顿运动定律作为纽带和桥梁联系二者，建立知识结构和思维方法。

（三）根据项目学习划分单元

项目学习是指学生围绕复杂的、来自真实情境的、具有一定挑战性的项目主题，在精心设计的任务活动的基础上进行的自主探究过程。项目学习强调真实世界的问题和实践，每一个项目都含有内在联系，能持续一段时间，因此物理单元的主题也可以根据项目的主题来划分：如"桥梁中的力学知识""《机械运动》中的物理思维方法"等。特别是《课标》中有关"跨学科实践"的主题，分为"物理学与日常生活""物理学与工程实践""物理学与社会发展"三个二级主题，就非常适合开展项目化学习，在学习的过程中明确《课标》的引领、确定议题、分解任务、转化成果，体现项目蕴含的内涵。

二、单元大任务的设定

设计具有挑战性的学习任务，围绕单元学习目标和课时学习目标，结合学习内容的特点和学生的学习基础、学习障碍点、发展空间、学习兴趣，初步设计出能统领整个单元的大任务，以及一系列具有深度学习特征的挑战性课时任务。单元大任务和课时任务之间具有一定的包含关系。

设计好单元大任务和课时任务，需要考虑以下几个问题：第一，能统领全单元的大任务要指向单元知识；第二，大任务最好用真实情境问题表达，从物理知识走向真实的问题解决；第三，大任务的解决尽可能具体化，通过小制作、实践报告等形式表达解决问题的方案。

如何设定单元大任务呢？我们以"力"单元为例阐述。

其一，依据课程标准，提炼核心问题。

"力"单元在《课标》中的相关内容有：

2.2.3　通过常见实例或实验，了解重力、弹力和摩擦力，认识力的作用效果。探究并了解滑动摩擦力的大小与哪些因素有关。

2.2.4　能用示意图描述力。会测量力的大小。了解同一直线上的二力合成。知道二力平衡条件。

2.2.5　通过实验和科学推理，认识牛顿第一定律。能运用物体的惯性解释自然界和生活中的有关现象。

4.1.6　用弹簧测力计测量力。

4.2　探究滑动摩擦力大小与哪些因素有关。

可见核心问题是力的概念，学生应通过对重力、弹力、摩擦力的分析进一步在力的框架下理解力的概念，初步认识力与运动的关系。通过对教材的梳理，可得知二力平衡和牛顿第一定律是学习摩擦力的前置知识，但总体的框架应为力的概念。

其二，选择真实情境，设计挑战性任务。用一个真实问题来串联整个单元的知识，形成体系。如选择情境：拔河比赛如何才能赢？要分析这个问题，就需要辨别拔河比赛中的受力问题，比赛取胜的关键力问题，以及怎样增大关键力的问题。同时，"拔河"的情境可以应用于各节教学内容，有利于知识的整合。

需要注意的是，大任务必须聚焦单元核心概念，充分体现综合性、开放性、创新性和实践性。学生完成大任务需要综合运用单元知识和学科思维方法，充分发挥自己的学习力和创造力，进行持续的探究和思考。这种学习是一种高投入、高认知、高表现的深度学习，有利于核心素养的培育。

其三，将各部分知识点关联到大任务的解决中。

例如第一章所述"力"单元知识的分解（见图1-9），这些对应课时知识点的小问题，有的可以作为课时任务来设置，有的可以设置为练习，旨在加强知识的内在联系，增加学生对同一情境可以探索的问题的整体思考。

其四，成果物化设计。完成单元设计的最终产出应指向单元大任务的解决，形成解决方案。最终以小制作、小报告、实验视频的方式呈现。

其五，设计评价规则。由于任务的开放性、复杂性，学生完成任务的行为表现具有更多的层次，所以设计评价规则非常重要。表 3-3 可供参考：

表 3-3 评价规则设计（"力"单元）

任务维度	水平不达标	水平达标	水平优秀
任务 1：分析拔河比赛中的受力情况	只能分析出一至两个力，运用自己的语言表达出理解	能正确分析绳子和人的受力情况，正确画出力的示意图	能正确分析绳子和人的受力，正确画出力的示意图，并能表达当哪边的拉力大，绳子则往哪边移动
任务 2：分析决定比赛能赢的关键力	不能确定拉力和地面对人的静摩擦力的关系	能说出拉力等于静摩擦力，拔河的关键力是静摩擦力	能抛弃次要因素进行建模，从二力平衡和相互作用力的关系清晰表达拔河的关键力是静摩擦力
任务 3：通过实验探究静摩擦力的影响因素	不能设计实验方案进行探究	经历探究实验的方案设计的论证过程，能制订科学的方案	能经历猜想—设计方案—实验探究—分析论证—得出结论的过程，且结论正确
任务 4：用控制变量法体验拔河中增大静摩擦力对比赛的影响，写成实验报告	不能应用任务 3 的结论设计拔河情境的实验方案	能学以致用，提出用穿球鞋、增加体重等方法来增大静摩擦力，从而使比赛获胜	能学以致用，提出用穿球鞋、增加体重等方法来增大静摩擦力，从而使比赛获胜，并撰写"拔河比赛如何能赢"的研究报告

可见，单元大任务以问题或任务驱动学习，凸显学以致用，使学生在单元学习一开始就充满兴趣，激发探究欲望，积极思考自己该做什么、该怎么做，而不是简单地接受知识和做题，因而学生能整体把握单元内容和知识体系，为迁移而学。

三、单元学历案、课时学历案撰写

单元教学设计需要通过框架和载体呈现。这部分通过单元学历案的撰写，体现单元教学设计的各个环节。

（一）为何要编写学历案

卢明、崔允漷团队通过教学实践，发现了以下学历案研究成果。

课堂教学信息的传递与加工经历了两次信息转化过程。如图 3 – 19 所示：

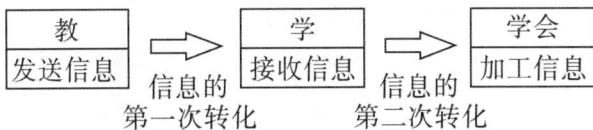

图 3 – 19　课堂教学信息传递与加工

信息的第一次转化是从教师的"教"到学生的"学"的转化，第二次转化是学生从"学"到"学会"的转化，从"教"到"学"到"学会"，特别是信息的第二次转化，需要学生对信息进行精加工，才能"学会"。

有什么样的教案，就有什么样的课堂教学。传统的教案关注"怎么教""教什么或学什么"；新的学习观更强调"如何学会"，即从主题内容与学情分析中，明确表达期望学生"学会什么"，进而设计应该教或学什么、怎么教或学，同时思考如何做好课堂评价，以便做出下一步的教学决策，最后设计课堂评估或作业评估任务以监测学生目标达成情况。这种关注学习经历或过程的方案称为学历案。

（二）如何编写学历案

学历案以学生观的视角，突出学习经历的过程，是单元教学设计的呈现形式之一。学历案在班级教学情境下，围绕某一具体的学习单位，从期望"学会什么"出发，设计并展示"学生何以学会"的过程，使学生自主形成经验或知识的专业方案。

课时学历案六大要素见表 3 – 4。①

---

① 卢明，崔允漷. 教案的革命：基于课程标准的学历案 ［M］. 上海：华东师范大学出版社，2016：7.

表 3 - 4 课时学历案六大要素

要素与关键问题	回答提示
主题与课时： 在多少时间内学习了什么？	①内容：课文或主题或单元来自何处，地位如何 ②时间：依据目标教材学情确定该内容的学习时间
学习目标： 我是否清楚要学会什么？	①依据：课程标准、教材、学情资源等 ②目标：订立三至五条可观察、可测评，指向学科核心素养，相互之间有关联的目标
评价任务： 我何以知道是否学会？	①依据：视目标的数量、难度、关联种类以及学情，确定评价任务的数量与安排 ②要求：包括情境、知识点、任务，能引出学生目标达成的表现证据
学习过程： 我如何分步骤学会？	①资源与建议：达成目标的资源路径、前知识提示 ②课前预习：定时间、有任务 ③课中学习：呈现学习进阶，嵌入评价任务，体现学生建构或社会建构的真实学习过程
检测与作业： 如何检测或巩固已学会的东西？	①要求：包括课前、课中与课后作业整体设计，作业数量适中，功能指向明确，体现知识的情境化 ②功能：检验、巩固、提高
学后反思： 我可以反思与分享什么？	①要求：引导学生梳理已学知识，梳理学习策略，管理与分享自己的知识 ②求助：诊断自身问题，根据求助信息，便于获得支持

单元学历案六大要素见表 3 - 5。

表 3 - 5 单元学历案六大要素

要素	内涵	
	关键问题	回答提示
单元主题 与课时	学习什么？学多长时间？	①单元来自何处？单元如何组织 ②根据内容、学情确定课时

（续上表）

要素	内涵	
	关键问题	回答提示
单元目标	要学会什么？	①依据《课标》、教材、学情等设置 ②订立 3~5 条目标：指向学科核心素养，三维叙写；体现相互之间的关联；课观察、课测评；至少三分之二学生能完成 ③可根据实际分解为若干条课时目标
单元评价任务	如何判断是否学会？	①体现情境、知识点、任务 ②依据目标的数量、难度、种类以及学情判断 ③能量化表示学生目标达成的表现证据
学习过程	如何分辨是否学会？	①资源与建议：达成目标的资源、路径、前备知识提示 ②体现真实学习经历的学习进阶（递进或拓展）；嵌入评价任务
作业与检测	如何检测、巩固已学内容？	①整体设计：数据适中；功能指向（检测、巩固、提高）明确 ②体现知识的情境化（学以致用）
学后反思	可以反思与分享什么？	①引导学生思考：梳理已学知识、学习策略，管理与分享自己的知识 ②诊断自身问题；报告求助信息

（三）单元学历案的设计模型①

笔者参考卢明的单元学历案设计模型，将单元学历案的优化设计模型如图 3-20 所示：

---

① 卢明. 教案的革命2.0：普通高中大单元学历案设计［M］. 上海：华东师范大学出版社，2021：17.

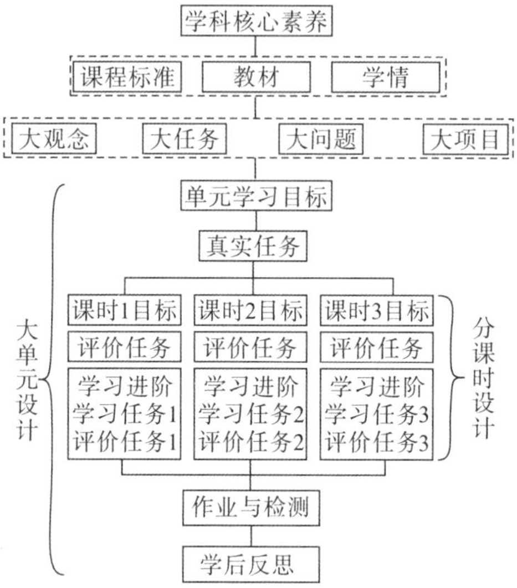

图 3 - 20 单元学历案的优化设计模型

设计模型体现了三个要点：①单元学历案包含课时学历案，组成要素几乎相同；②评价任务的设计先于学习活动设计，体现"逆向设计"教学理论；③学习任务要体现学习进阶思想。

（四）对单元学历案的关键内容的思辨

1. 学情描述

学情描述应探索单元迷思概念，确定学习的进阶起点和进阶途径。

迷思概念，指学生对物理概念的错误认知。单元教学旨在通过学习的过程实现学习的迁移，即学生是依据已有的知识和学习经验来联想、建构，形成新的知识和新的经验。因此，探索迷思概念，获得学生的前认知，并以此作为单元设计的进阶起点或进阶过程要解决的主要问题，是学生观和学习观视角下进行教学设计的有效途径。迷思概念的梳理非常必要，是进行单元教学设计的过程之一。

2. 教材描述

教师需提高专业认识，对教学内容进行梳理并有效呈现。

首先，通过梳理单元教学的起点和预设学习目标，构建单元知识学阶，结合学习进阶理论，梳理单元知识框架，并绘制单元框架图予以直观呈现。其次，以图表表达。寻找核心素养与相关单元知识的强关联点进行标注，让核心素养落地。最后，寻求核心素养落地的具体方法。物理学习过程有其不同于其他学科的特点，数学、实验、思维是进行物理学习的重要方法，梳理物理学习方法，便在"知识内容—学习目标—达成方法"形成了框架。

以"力"单元为例，笔者结合郭玉英老师、张玉峰团队提出的概念层级图和龙湖区前期探索的三级结构图，整合为一图表达单元结构框架（如图1-8所示）。

将教材的内容、进阶的结构、素养的落地、物理科学方法在一张图表内呈现，可减少文字描述，减轻教师负担。

3. 评价任务的描述

评价任务和学习目标应该具有一定对应性，应采用表格形式，形成对比，用以评促教、以终为始的理念，进行对应性描述。

教师应注重过程性评价和习题评价的适切使用，习题的检测仍然是非常好用的评价手段。教师应注重观察学生的获得，除了观察学生是否学会，还需要观察学会的水平，从识记、理解、应用、分析、质疑、创新的认知角度，衡量学生学习处于何水平，出具严谨的过程性评价并尽量从高阶思维的层面对学生进行有效的教学设计。

（五）关于学历案的实践反思

1. 有"课时"无"单元"

即便是课时学历案，也应该在《课标》、教材、学情方面进行单元的梳理。教师若没有真正理解学历案的设计意图，单纯执行课时设计方案，便容易忽视课时与课时之间的关联，使得学生的学习依旧停留在"只见树木、不见森林"的状态，素养目标难以达成。

2. 教材梳理、学情分析和评价任务的撰写缺乏深度思考

教材的梳理应从知识结构图、核心素养关联点和物理学科方法三个角度去呈现单元结构框架。学情分析应从前知识、前认知和迷思概念分析学生的水平。评价是指"学会的证据"，编写评价时应以事实性表述描述，作为判断标准。但教师在编写以上三者的过程中往往缺乏相应的思考。

3. 将学历案等同于教案或导学案

有的教师撰写学历案像教学设计，而不是以学生立场展示任务和问题，没有留足够的位置给学生填写学习的内容。有的则只提供给学生问题或习题，没有体现一定的"学习进阶"提示，学生在学习的过程中遇到困难时无法通过学历案有效解决，使得"教""学"两张皮，增加学习的负担。

4. 教学设计需要改进

通过学历案"使学生学会"是进行这场教案革命的目标，教师在设计学习任务时应体现学习进阶的理念，思考任务的布置是否从浅到深、富有逻辑；问题链的设计是否适切（问题过多或过少都不好）；实验教学是否体现思维；教学过程是否进行了前知识、前认知的关联，帮助学生迁移提升。

第四节　初中物理单元教学设计的"双向四轮"模型

中学物理课堂教学应当超越传统课时教学设计的局限，以满足物理学科核心素养的全面性和综合性的需求。单元教学能加强知识间的内在关联，促进知识的结构化，因而成为当前中学物理教学实践的热点。单元教学设计是开展单元教学的基础，如何在单元教学设计中融合大概念和学习进阶的思想，如何以整合的视角整体地建构学生的学习过程，已成为当前中学物理教学设计研究的热点。一般来说，单元教学设计是以一个单元学习内容为整体的，既能统筹、规划统揽全局，又能按步骤有序地开展教学活动，以取得最佳的教学成效。单元教学设计因教学内容、教学目的、课型的不同而形式多样。为了整体地、有序地落实物理学科核心素养，本章基于学习进阶视角探索初中物理单元教学的"双向四轮"模型，力求将单元教学之道与课时教学之术予以融通。

一、初中物理"双向四轮"单元教学模型的阐释

（一）学习进阶和"双向四轮"单元教学模型

"双向四轮"模型包括外圈的双弧箭头和内部的四个齿轮（如图3-21所示）。双弧箭头围成有方向的外圈，表示单元的整体统摄，由两条统摄通路组成。第一条通路是实现单元知识、方法、素养的梳理，旨在搭建单元知识的内在联系，从学科方法和教学策略的层面架构迁移应用的通路；第二条通路是布置真实任务或问题，使学生通过全单元的学习，解决真实问题，最终能通过制作、实验、论文、报告等形式物化成果，打通解决真实问题的通路。

内部的"四个齿轮"是推进课程的策略，由评价先行、任务教学、活动体验、思维外显四个策略组成。由于单元的教学仍以课时为单位，每节课需要通过任务和评价来驱动学习和反馈成效。为了丰富学习过程，教师需要采取探

究式活动、体验式活动等多种视角和思维外显策略设计学习任务，以期达到培养学生核心素养的目标。

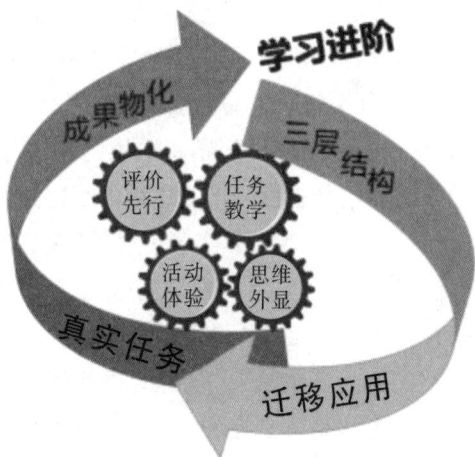

图 3-21 "双向四轮"单元教学模型

对单元采用三层结构的单元分析框架，从进阶的起点出发，设置不同的"学阶"，直至到达单元预设的学习终点，一步步地实现学生概念的升级进阶。课时任务教学分为"感知""探究""应用"和"反思"四个阶段，体现了认知上升的结构。同时，采用"双向四轮"单元教学模型，整体设计和课时推进均体现了螺旋上升的概念进阶和认知进阶，循序渐进地提升能力，体现了学习进阶的理念。此模型不仅能促进教师对单元的分析意识和分析能力，还能通过课时的推进完成单元的课堂实施。

（二）统摄单元的双向通路

从单一的知识点、课时转变为单元教学设计，可以有效对接教学设计与素养目标。在进行单元教学设计时，教师应从宏观角度进行单元整体设计，可以从两个方向整体设计：一是从三层单元结构框架指向迁移应用的通路，二是设计真实任务在单元中的具体体现，实现解决真实任务和物化学习成果的通路。

1. 单元统摄通路一：从三层单元结构框架指向迁移应用

（1）三层单元结构框架。

三层单元结构框架包括单元的知识结构、物理学科方法和素养相关点。在进行单元教学设计时，教师需要对这三个层面进行梳理和思考，以便更好地引导学生认知。

①知识结构。它指单元的知识框架，以及知识之间的联系，可以通过绘制概念进阶结构图来进行建构。对知识进行建构，就是寻找前概念、前认知与新概念、新知识之间的联系，帮助学生建立新认知是对新知识的"前世"有更清晰的认识。绘制概念进阶结构图而不是简单地罗列知识点，可以更好地展现知识点间的联系，有助于教师了解学生的前知识。

②物理学科方法。它指研究物理学问题所采用的物理方法或是思想方法。顾明远曾说："教育的本质是培养思维，培养思维的最好场所是课堂。"[①] 在以物理思维探究客观世界的过程中，观察和实验、科学思维和数学方法相结合是不可或缺的方法。因此，物理教学应当培养学生这三方面的能力。[②] 单元教学中，通过创设学习活动，学生可以经历思想方法的应用过程，建构概念和认知规律。如"比值定义法""控制变量法""实验方案按需设计""观察和实验""数学方法"等方法，这些方法是解决物理学问题所采用的思路和方法，也是学生学习经验的形成、迁移和应用点，梳理思维与方法的应用点，可以帮助教师获得学生的认知资源，并在教学中加以利用，从而形成思维的迁移。

③素养相关点。在单元教学中，我们需要寻找核心素养四个维度在知识结构框架上的强相关点，并将其表示出来。当前，随着《课标》的颁发，核心素养已成为中学物理教育的重要特点。学生必须通过系统的知识教学来实现核心素养的提升，在学习过程中，通过体验、经历、思考、构建和创造，不断提高素养水平。核心素养与知识形成和知识应用密不可分，因此在单元教学中，我们需要将核心素养与知识结构有机地结合起来，帮助学生更好地理解和应用所学知识，并提升核心素养。

（2）进行三向关联，形成迁移的通路。

三向关联，是指通过整体思考单元的前后联系，进行知识、方法、素养的有机整合。具体来说，三向关联包括以下三个方面：一是要寻找前知识与后知识的联系；二是要在前后知识的认知方法层面进行唤醒和联想，形成新的知识；三是在素养层面，通过教学中知识和认知的学习和进阶，审视是否促进了核心素养的达成，并评价学习的效果。三向关联可以帮助学生更好地理解和应用所学知识，同时也可以促进学生核心素养的提升。唤醒、联想和映射等认知

---

① 顾明远. 再论教育本质和教育价值观：纪念改革开放 40 周年 ［J］. 教育研究, 2018, 39 (5)：4 – 8.

② 张军朋, 许桂清. 中学物理课程与教学论 ［M］. 北京：北京大学出版社, 2021：38.

策略，可以帮助学生利用已有的知识和学习经验，更好地学习新知识，从而促进知识的迁移。具体来说，唤醒是指通过提醒学生已有的知识和经验，引导学生将其应用到新学习中；联想是指通过将新知识与已有的知识进行联系，帮助学生更好地理解新知识；映射是指通过将新知识与已有的知识进行对比，帮助学生更好地记忆和应用新知识。通过这些认知策略，学生可以更好地掌握新知识，巩固已有的知识和经验，并将其应用到其他领域，从而达到知识迁移的目的。

2．单元统摄通路二：创设真实任务，物化学习成果，解决真实问题

（1）创设真实任务。

为了创设真实任务，应从情境性问题、真实问题或原始物理问题入手，确保任务能够涵盖单元大部分知识。在解决真实任务的过程中，学生需要运用单元课时学习内容，任务应该能够串联单元各部分知识，同时在课时学习中，创设小问题或习题，使真实问题与课时学习相互联系。任务应该能够将学习成果物化，方便学生理解和应用。

（2）物化学习成果。

学习成果物化的目的是让学生更好地理解和应用所学知识，同时也可以提高学生的动手能力和实践能力。通过小制作、小实验等形式，学生可以将抽象的知识转化为具体的实物或现象，更加深入地理解和掌握知识。而通过实验报告、研究报告等形式，学生可以将自己的研究成果展示出来，提高自己的表达能力和思维能力。

（3）解决真实问题。

物化成果的过程中，教师应该注重任务的设计和引导，让学生在任务中发现问题、解决问题，从而提高自己的学习能力和创新能力。同时，教师还应该注重对学生的指导和评价，及时给予学生反馈，帮助学生发现自己的不足，明确提高的方向。从创设真实任务到物化学习成果，关键是教师要给予学生展示的机会，让学生表达、分享学习研究的过程和成果，通过学生输出的课堂，提升课堂实效，培养核心素养。

（三）四轮驱动的单元课时教学

单元教学的重组需要通过课时教学来推进。课时需要在单元的"双向"统摄下，进行重过程、重认知以及体现学习进阶的设计。"四轮"指评价先行、任务教学、活动体验与思维外显。"四个轮子"共同驱动课时教学，承担

各自的知识、能力和素养任务，整体推进单元教学的真实任务的完成。

1. 评价先行

评价先行是指在课时教学中，评价应该贯穿始终，教师既要以此对学生的学习情况进行及时反馈，也要以此对教学效果进行评估，以便及时调整教学策略。威金斯和麦克泰格在《追求理解的教学设计》教育专著中提出"逆向设计"[①]，所谓的逆向就是"反过来"的意思，也就是把评价前置。"逆向"立足于输出端，即学生的预期学习结果，而不是仅考虑输入端。学习了这一单元，学生未来可以做哪些迁移运用？这种从"学习的结果"逆向思考"获得这一结果需要通过哪些学习过程"，更有利于认知的结构化，使之成为一种反映专家思维的自然知识，在新的情境中可以被激活和运用。逆向设计的三个阶段是：确定预期结果—确定合适的评估证据—设计学习体验和教学。

评价，即学生学会的证据。逆向设计强调评价的前置，使教学更加有针对性和有效性，同时也能够帮助学生更好地理解学习的目的和意义。本教学设计思路优化了单元教学设计的流程，从评价的角度不断审视学习的各个环节是否达到预期，为以生为本的学习观下的教学提供了新的局面，使教师更加重视对学习的观察，为"教—学—评"一体的学习提供了达成的可能性。

2. 任务教学

任务教学是指在课时教学中，设置具有挑战性和实践性的任务，让学生在实践中掌握知识和技能；任务驱动式教学模式，是在课时教学中，设置几个小任务，完成课时内容的学习。笔者借鉴闯关教学模式[②]，将课时的任务设置为四个进阶任务，如图 2-8 所示。

这四个任务以认知规律为基础，从感知和体验开始，带领学生探究并应用概念，最终总结和反思。感知环节旨在培养了解和识记能力，探究环节旨在提高理解能力，应用环节则涉及应用和分析的高阶认知能力，反思环节则涉及评价和创新。在课堂教学中，学生通过逐步完成这四个任务，可实现认知的进阶。

3. 活动体验

活动体验是指在课时教学中，通过各种形式的活动，让学生在体验中感受

---

① 威金斯，麦克泰格. 追求理解的教学设计 [M]. 2 版. 闫寒冰，宋雪莲，赖平，译. 上海：华东师范大学出版社，2017：18-19.

② 余耿华，谢桂英，许桂清，等. 指向科学思维提升的中学物理闯关教学模式构建与实施 [J]. 中学物理，2023，41（3）：6.

知识的魅力和实用性。"活动与体验"是深度学习的核心特征，"活动"是指以学生为主体的主动性活动，"体验"是指以学生在活动中发生的内心体验。[①]

学生的活动需要教师的引导和精心设计，以确保教学内容和学习过程得以顺利进行。在活动过程中，学生与教师、同学进行交流、沟通、合作和竞争，教师的启发和引领、实验活动中的互助合作、课堂讨论中的相互启发、小组作业中的相互依赖和信任等都是必不可少的。这样的学习过程可以将枯燥的概念、规律和符号转化为动手、动脑的实践过程，从而将文字转化为亲身经历，帮助学生理解物理现象内在的道理，促进学生自觉地成长。

4. 思维外显

思维外显是指在课时教学中，要引导学生表达和交流，展示自己的思考和理解。发展核心素养，倡导学生在各种复杂多样的真实情境中，在活动与体验中，不断实践、讨论、质疑和反思，用已有的知识与经验，分析解决各种复杂和陌生问题。关注学生的学习过程，特别是思路方法的形成过程，让学习过程中内隐的思维显性化，是教学中要体现的特点。

思维外显的策略包括：通过学生自我分析让思维外显；通过学生的质疑辩论让思维外显；通过教师的连续追问让思维外显。

二、"力"单元的"双向四轮"教学模型的设计

(一)"力"单元的三层结构框架

首先，本单元包含二力平衡和牛顿第一定律，这部分知识阐述了"力与运动"之间的关系，但这部分知识是为测量滑动摩擦力做前期的知识储备，因此本单元定义为"力"单元。

其次，"力"单元的进阶的起点是力的概述，力的三要素、力的示意图等基础知识是第一阶，第二阶是重力、弹力和摩擦力，而由于摩擦力的测量需要用到二力平衡知识，因此将牛顿第一定律和二力平衡作为三阶知识，摩擦力的学习作为第四阶。

从学科方法的层面，"力的概念""摩擦力的概念"均用到先感知后归纳概括的方法；"重力和质量的关系"和"用弹簧测力计测量力"都需要从数学图像中寻找物理规律；"牛顿第一定律"的教学要让学生经历理想实验和推理论证思辨过程；"弹力"的概念要通过放大法观察到微小形变。

---

① 刘月霞，郭华. 深度学习：走向核心素养（理论普及读本）［M］. 北京：教育科学出版社，2018：45 - 46.

从素养层面来看，最上位的观念是建立运动与相互作用的观念。本单元从力的相互性与三种基本力作为相互作用的观念的基础。从科学思维层面来看，滑动摩擦力的影响因素体现控制变量法，弹簧测力计的原理体现转化法，牛顿第一定律的获得体现理想实验和科学推理等。科学探究方面有两个基本的实验：探究二力平衡的条件和探究滑动摩擦力的影响因素。

（二）"力"单元的迁移通路

（1）前知识：力的三要素、力的作用效果、力的示意图。后知识：重力、弹力、摩擦力的三要素是什么？可能产生什么作用效果？三种力的示意图怎样绘制？教学过程中，要在重力、弹力、摩擦力的教学过程中，体现力的三要素、力的作用效果、力的示意图等和三种力的分析。

（2）前知识：弹簧测力计测量重力。后知识：二力平衡的应用。在二力平衡的应用环节，回忆弹簧测力计测量重力的学习过程，并指出这就是二力平衡的一种应用。

（3）前知识：二力平衡。后知识：匀速拉动物体，用弹簧测力计测量滑动摩擦力。在进行滑动摩擦力测量的实验时，回忆二力平衡知识，并以此为原理设计实验。

（4）前知识：牛顿第一定律。后知识：二力平衡。二力平衡的导入是通过"牛顿第一定律中物体不受力"的分析，引导学生推理出"不受力"是指"受平衡力"的情况。

（5）前认知方法：数学 $F - \Delta L$ 图构建弹簧测力计的原理。后认知方法：数学图像 $G - m$ 构建重力与质量的关系以及初步构建 g 的概念。

（6）前认知方法：在感性体验的基础上，用归纳、概括法建立力的概念。后认知方法：在感性体验的基础上，用归纳、概括方法建立摩擦力概念。

挖掘本单元中前后知识的联系，找到迁移的通道，在破除知识的碎片化教学过程中促进单元的整体教学，用综合的思想来解决问题。

案例：测量水平运动的物体所受的滑动摩擦力

师：上节课，我们用弹簧测力计测重力的大小，拉力与重力是一对平衡力，那么我们能不能用这个方法测滑动摩擦力的大小？

生：（思考）能。

师：滑动摩擦力的大小无法直接测量，如果被测物体在水平方向做匀速直线运动，物体在水平方向受什么力？

生：拉力与滑动摩擦力。

师：这对力是什么关系？为什么？

生：平衡力，大小相等。因为物体在水平方向做匀速直线运动。

师：用弹簧测力计来测量拉力的大小，则该示数也表示滑动摩擦力的大小。

这个例子中，通过对上节课知识的回忆和唤醒，帮助学生应用相同的方法来学习新的知识，体现了知识和认知的迁移。

（三）"力"单元的真实任务和成果物化

单元"力"的真实任务：拔河比赛如何获胜？在每个课时的学习中用拔河比赛的真实情境，应用知识解决相应的小问题。（如图1-9所示）

在物化学习成果的教学过程中，也需要教师设计进阶式的教学活动来完成，而不仅仅是学生展示和输出。在"力"单元的应用课中，学生首先通过弹簧测力计和木块实验测量最大静摩擦力；其次，在木块上增加砝码，发现当压力增大时，最大静摩擦力也增大；以及当接触面变粗糙时，最大静摩擦力也增大；从而猜想拔河比赛中，获胜的关键是鞋底与地面的最大静摩擦力。

教材中没有最大静摩擦力的内容，但学生在学习和实验过程中，已经发现最大静摩擦力的相关知识，最后通过控制变量法体验拔河比赛及分析结果，使知识得到应用和深化。实验报告的撰写和分享体现了学习成果物化的过程。

（四）"力"单元的课时教学设计举例

1. 课时评价与课时目标的对应性

以"7.1力"的课时目标与课时评价为例，见表3-6。

表3-6 "7.1力"的课时学习目标和评价任务

学习目标	评价任务
能从与力相关的日常生产、生活现象中归纳出力的概念	能通过对橡皮泥、弹簧、气球等物体施加力的作用，分析归纳出什么是力，并能判断所列举的事例中的施力物体和受力物体
通过视频和实验，体验并认识物体间力的作用是相互的	能用"物体间力的作用是相互的"的原理解释划船、起跑时向后蹬起跑器等生活中的现象

（续上表）

学习目标	评价任务
通过常见的事例和实验认识力的作用效果	能说出对弹簧、橡皮泥施加的力可以改变物体的形状并能对所列举的事例和"磁铁对小铁球的作用"的实验分析，归纳出"力还可以改变物体的运动状态" 能展示（或说出）力的大小、方向可以影响力的作用效果；能对课本的不同位置施加大小、方向相同的力，并说出实验现象，分析总结力的作用点可以影响力的作用效果
知道力的三要素，通过实验和生活体验的分析、归纳，了解力的三要素对力的作用效果的影响	能通过在不同位置推门的例子体会力的三要素
学会画力的示意图	能画出拉力、推力的示意图

2. 课时进阶任务设计

"力"单元的其中一个课时"摩擦力"的课时进阶任务教学如图 3 – 22 所示：

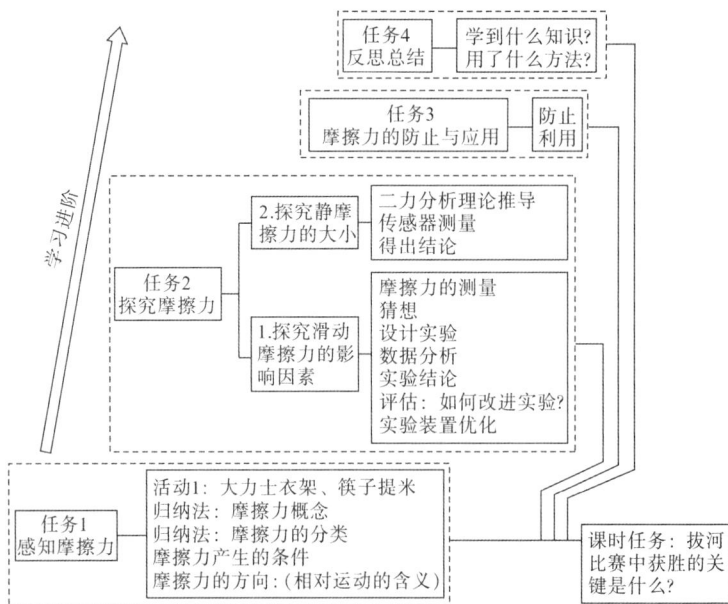

图 3 – 22　"摩擦力"任务教学模式进阶图

表3-7是"摩擦力"第一课时的教学设计，体现了学习进阶。

表3-7　"摩擦力"课时教学设计

学习内容	教师活动	学生活动	核心素养
导入："大力士衣架"小游戏	出示"大力士衣架"，并请学生上台进行游戏。	学生上台演示小游戏。	激发学生兴趣。
任务1：感知摩擦力			
课前实践作业展示	教师展示部分学生课前实践作业，并让上交作品的学生上台展示解说。	学生上台展示，解说与摩擦力有关的生活实例或实验。	
摩擦力的概念	教师以学生提供的实例为载体，引导学生归纳出摩擦力的概念。问题一：上述例子都与摩擦力有关，找找它们的共同点，说一说摩擦力是一个怎样的力。	学生通过自己提供的实例，分析讨论摩擦力是什么？摩擦力是怎么来的？摩擦力有怎样的作用效果？从而归纳总结出摩擦力的概念。	物理观念：以生活实例构建出摩擦力的概念。
摩擦力的种类	教师从学生提供实例中挑选典型例子，要求学生对上述例子出现的摩擦力进行归类，再分析归纳出摩擦力的种类：静摩擦、滑动摩擦和滚动摩擦。问题二：尝试将上述例子中的摩擦力进行归类。	学生将实例中的摩擦力进行归类。	物理观念：会区分具体情景中物体所受摩擦力的种类。
摩擦力产生的条件	教师以学生提供的实例为载体，和学生一起分析讨论摩擦力产生的条件，并要求学生独立完成课中检测一。问题三：通过上述例子，你能归纳出摩擦力产生的条件吗？	学生对实例中的摩擦力进行对比，分析、讨论摩擦力的产生条件。独立完成课中检测1。	科学思维：会根据摩擦力产生条件判断摩擦力的有无，培养学生分析推理能力。

（续上表）

学习内容	教师活动	学生活动	核心素养
任务1：感知摩擦力			
摩擦力的方向	教师组织学生进行课堂活动：向左推动牙刷，使其相对桌面滑动，观察牙刷刷毛弯曲方向。提问学生：刷毛弯曲是受到了哪个力的作用？摩擦力的方向与物体相对运动方向有什么关系？教师再以人走路为例，提问：人向前走路时，脚相对地面的运动趋势是朝哪个方向？受到的摩擦力方向是什么？人受到摩擦力方向与人运动方向的关系是什么？突破"摩擦力不一定是阻力，也可以是动力"的知识难点，突出摩擦力方向与相对运动或相对运动趋势方向相反，强调"相对"二字。	学生进行课堂活动。学生回答：刷毛向右弯曲，是因为受到桌面给的摩擦力。摩擦力方向与相对运动方向相反。	科学推理：通过科学观察具体情景中物体的运动状态与变化，结合力的作用效果与物体的受力分析，推理出摩擦力方向与物体相对运动方向的关系。
评价任务	课中检测1：下列物块与接触面之间存在摩擦力的有＿＿＿＿＿。 A　　B　　C　　D		
任务2：探究摩擦力			
环节1：探究影响滑动摩擦力大小的因素			
实验：探究滑动摩擦力大小与压力、接触面粗糙程度的关系	提出问题：滑动摩擦力的大小与哪些因素有关？1. 科学猜想：教师通过引导学生对比感受只有左手在桌面上滑动和右手压在左手上，一起在桌面上滑动两个情景中滑动	学生跟着教师的引导进行活动，感受不同情景下滑动摩擦力大小的变化，进行有依据的猜想。	科学推理：对滑动摩擦力影响因素进行有依据的猜想。

（续上表）

学习内容	教师活动	学生活动	核心素养
	任务2：探究摩擦力		
	环节1：探究影响滑动摩擦力大小的因素		
实验：探究滑动摩擦力大小与压力、接触面粗糙程度的关系	摩擦力大小的变化，引导学生猜想压力可能会影响滑动摩擦力的大小。再通过对比手压在课本上滑动时受到的摩擦力大小变化，引导学生猜想不同材质的接触面（接触面粗糙程度），会影响滑动摩擦力的大小。 2. 如何测量滑动摩擦力 让学生借助桌面上的器材，设计出测量物体滑动摩擦力大小的实验方案，并画出大致装置图上传到平台上。引导学生根据二力平衡分析获知实验关键操作：水平匀速拉动木块。并播放测量滑动摩擦力大小的数字教材视频，规范学生实验操作。 3. 实验方法的选择，引导学生认识到探究一个物理量和多个物理量关系时，需要用控制变量法。 4. 以探究压力的影响为例引导学生利用控制变量法进行实验设计和探究，让学生自主说明探究其他影响因素时要如何实现控制变量。	学生画出实验装置图，利用学生平板通过腾讯会议进行分享，并在教师引导下分析得出关键操作：水平拉动木块使其在木板上作匀速直线运动。 学生进行分组实验，探究压力大小、接触面粗糙程度对滑动摩擦力大小的影响。记录数据，分析论证，获得结果，并把实验过程、数据表格拍摄保存，通过学生平板进行提交，以小组为单位进行讨论分享。	经历实验探究过程，记录实验观察数据、分析论证、得出实验结果，培养科学探究素养和科学思维。

（续上表）

学习内容	教师活动	学生活动	核心素养
任务2：探究摩擦力			
环节1：探究影响滑动摩擦力大小的因素			
探究滑动摩擦力与接触面积的关系	教师演示探究接触面积大小对滑动摩擦力大小的影响实验，利用手机传屏实时把弹簧测力计的示数投屏分享，引导学生注意观察，获得结果。	学生认真观察，发现滑动摩擦力的大小与接触面积大小无关。	科学推理与科学探究：通过科学观察实验现象，验证实验结论，具有证据论证意识。
探究滑动摩擦力与物体运动速度的关系	教师演示利用可变速马达探究物体运动速度对滑动摩擦力大小的影响实验，引导学生注意观察，获得结果。全部探究完成后，引导学生总结前面四个探究结果，归纳出实验完整结论，强调控制变量表述。	学生认真观察，发现滑动摩擦力的大小与物体运动速度无关。对前面的实验结论进行修正补充：滑动摩擦力大小只与压力和接触面粗糙程度有关，与接触面积、运动速度均无关。在接触面粗糙程度相同时，压力越大，滑动摩擦力越大；在压力相同时，接触面越粗糙，滑动摩擦力越大。	科学推理与科学探究：通过科学观察实验现象，验证实验结论，具有证据论证意识。
改进实验装置	提问学生在刚才分组实验过程中遇到哪些实际问题，引导学生发现实验存在的问题，再一步步引导学生改进实验装置。教师根据学生的方案进行设问：需要匀速拉动木板吗？引导学生注意测量滑动摩擦力过程中	学生反思实验过程，发现原来实验方案存在的问题：拉动时难以保持匀速拉动，弹簧测力计在运动导致读数困难。可以用电动机来改	

（续上表）

学习内容	教师活动	学生活动	核心素养
任务 2：探究摩擦力			
环节 1：探究影响滑动摩擦力大小的因素			
改进实验装置	受力物体是木块，需要保持平衡状态的是木块而非木板，木板是否匀速并不影响木块的平衡。木块跟着弹簧测力计一起固定，相对地面静止，一直保持平衡状态。实现实验装置的二级改进方案。	进实验装置，还可以把弹簧测力计固定，改拉木块为拉木板，实现木块与木板间发生相对运动。在教师的引导下对木块进行受力分析，一步步理解实验装置的改进。	
环节 2：测量静摩擦力大小			
用传感器测量静摩擦力的大小	教师以推讲台推不动的情景导入静摩擦力大小与推力大小的关系，引导学生对讲台进行受力分析，从理论上理解静摩擦力大小会随着推力、拉力的增大而增大。并利用传感器测量木块未拉动时受到静摩擦力的大小，通过 $f\text{-}t$ 图像直观展示静摩擦力的大小变化。要求学生完成课中检测 2。	学生认真观察静摩擦力 $f\text{-}t$ 图像，获得静摩擦力会随着拉力的增大而增大的结论。独立完成课中检测 2。 【课中检测 2】如图所示，A 物体放在水平桌面上，当用大小为 15N 的水平拉力 F 拉它时，物体不动，则物体受到的是＿＿＿＿摩擦力，此时它受到的摩擦力是＿＿＿＿N，当 F 增大到 20N 时，A 物体	科学推理与科学探究：通过科学观察实验现象，验证实验结论，具有证据论证意识。

（续上表）

学习内容	教师活动	学生活动	核心素养
任务2：探究摩擦力			
环节2：测量静摩擦力大小			
用传感器测量静摩擦力的大小		仍然不动，它受到的摩擦力是＿＿＿＿＿N，但 F 增大到 25N 时，物体刚好做匀速直线运动，它受到的摩擦力是＿＿＿＿＿N。 当 F = 30N 时，它受到的摩擦力是＿＿＿＿＿N。 □——→ F	
任务3：摩擦力的应用：叠鸡蛋游戏			
游戏：叠鸡蛋	出示器材：鸡蛋2个，粗盐等，提问：你能将2个鸡蛋叠起来吗？	学生进行各种游戏尝试，成功的小组通过学生平板进行展示并解释原因：通过在鸡蛋间放粗盐，增大接触面的粗糙程度，增加摩擦力，从而让两个鸡蛋叠起来。	提升兴趣，学以致用。
任务4：本课反思：知识结构是什么？怎样学会？			

（设计者：林百欣中学　蔡纯纯）

四个任务体现了学习摩擦力的进阶性：任务1从生活现象、感知性游戏归纳摩擦力的定义；任务2分别探究了滑动摩擦力的影响因素和用传感器测量静摩擦力的大小；任务3通过压力和接触面的粗糙程度两个层面，分析对摩擦力的防止与利用方法，并解释现象；任务4主要从知识与方法层面让学生总结本课的内容。特别是任务3，实际包含三个实验，分别是滑动摩擦力的测量、探究滑动摩擦力的影响因素、用传感器测量静摩擦力。三个实验由浅到深，从简单到复杂，实验原理分别是二力平衡，用控制变量法、分析数据图像等物理方法研究滑动摩擦力和最大静摩擦力。知识的获得层层深入，思维程度逐步综合。

3. 教学过程突出活动性和体验性，在探究中学习

"力"单元的应用课：拔河比赛如何才能获胜？通过设置探索性活动、小组协作、分享表达等方式，培养学生的素养。具体设计见表1-2。

4. 通过提问、再问、追问的策略让思维外显

在力学单元的其中一个课时"摩擦力"教学中，教师可以提出这样的探究问题：摩擦力的方向是什么？摩擦力的方向是否必定与物体运动的方向相反？你能举出什么例子来说明摩擦力方向与运动方向相同？如何正确表达摩擦力的方向？通过有逻辑的问题链，让学生讨论回答，思维外显，纠正学生错误，形成正确的物理观念。

三、"力"单元的"双向四轮"教学模型的实施效果

通过实施"双向四轮"教学模型和相关访谈，参与教学的教师反馈以下效果：第一，在备课环节中，通过对"三层单元框架"的梳理，教师提高了对单元的整体认识；第二，在课堂教学中，对知识和物理方法的前后联系进行了梳理，并应用于教学，有效地帮助学生进行建构和联想，促进了迁移能力的形成；第三，通过优化学习评价任务，提高了教师的评价意识，使教师以"学生是否学会"的观点审视课堂，并调整教学活动；第四，采用任务驱动的闯关教学，易于理解，应用效果好，有效地促进了学习的进阶；第五，提升了教师的教学过程意识和学生思维外显处理能力；第六，通过单元应用课和展示课，从教学成果物化的角度，使单元的大任务有始有终地完成，形成从提出任务到成果展示的闭环，促进了单元的整体教学。

经过对学生的调查，发现该模式在以下方面对学生的学习产生了积极影响：一是提高了学生的学习兴趣和参与度。该模式注重学生的实践操作和探究，让学生在实践中感受到知识的魅力，激发了学生的学习兴趣和参与度。学生更加主动地参与到学习中来，积极探究和发现知识。二是增强了学生的动手

能力和实践能力。该模式注重学生的实践操作和探究，让学生在实践中掌握知识和技能，增强了学生的动手能力和实践能力。学生通过实践操作，更加深入地理解和掌握知识，提高了自己的实践能力。三是提高了学生的思维能力和创新能力。该模式注重学生的探究和思考，让学生在实践中发现问题、解决问题，培养了学生的思维能力和创新能力。学生在实践中不断思考和探究，通过自己的努力和创新，解决了许多实际问题。四是提高了学生学以致用的意识，促进了学生的合作和交流。该模式注重学生的合作和交流，让学生在实践中互相帮助、协作完成任务，培养了学生的合作精神和团队意识。学生通过合作和交流，更好地理解和应用所学知识，同时也提高了自己的团队合作能力。

综上所述，采用"双向四轮"单元教学模型，有利于从整体角度梳理单元结构，实现高效的知识迁移。该模型注重真实任务的布置和成果物化，能够统摄单元，使解决真实问题成为单元教学的核心。评价先行、任务教学、活动体验和思维外显成为该模型的四个关键要素，它们相互协作，确保单元教学的有效性，引导学生不断提升核心素养。

第五节 初中物理单元教学的结构化作业设计

2021 年 7 月，中共中央办公厅、国务院办公厅出台了"双减"意见，要求"全面减压作业设计质量，加强作业完成指导"。政策的出台，旨在减轻学生的课业负担，让教育回归本真，发挥作业的育人功能，通过合理有效的课后作业引导学生实践、锻炼能力，实现作业"减负增效"。2022 年 4 月，教育部印发新《课标》，其中有这样的描述：注重发挥作业评价的诊断功能，指导学生改进学习；应以阶段性学业要求和学业质量标准为依据，设计层次分明、类型多样的作业，兼顾基础性作业和探究性、实践性作业，注重评价学生的学习态度和学习成果，充分发挥不同类型作业的育人功能。合理调控作业量，避免机械训练、简单重复，切实减轻课业负担。

作业布置应体现国家"双减"政策的要求，凸显物理《课标》中"设计层次分明"、兼顾"探究性、实践性"作业，从《课标》的学业质量要求出发，构建促进知识整合的结构化作业，发挥诊断功能和育人功能，培养核心素养。

一、单元结构化作业的定义

单元作业是以提高学生的学习兴趣为目的，帮助学生在通过学业水平测试的同时提高学科核心素养的作业形式。它通过打破内容章节之间的界限，在巩固学生已有知识技能的基础上，建构完整的知识结构，让学生在掌握知识迁移的方法的同时，提高问题解决能力。①

单元作业从单元的总目标出发，设计每个课时的作业，不仅包括巩固、完善本课时内容的题目，还有需要综合运用本课时之前知识解决的综合题目。它着重培养学生在完成作业过程中的分析能力和实践能力；重视使学生掌握学习策略、方法，强调建构知识的整体性，更强调发展学生的情感态度价值观。

结构则是系统内各组成要素之间的相互联系、相互作用的方法，是系统组织、有序化的重要标志。结构既是系统存在的方式，又是系统的基本属性，是系统具有整体性、层次性和功能性的基础和前提。②

综合以上定义，本书将单元结构化作业定义为：以单元为背景，将知识、素养等学习要素通过作业的形式组织成一定的框架或体系，以便学生更好地理解知识、形成方法、落实素养的作业形式。

二、单元结构化作业的设计原则

1. 去冗余原则

先制定单元教学目标，再对应教学目标编制习题，避免重复。

2. 重学情原则

从迷思概念的角度分析学生对概念或规律的错误认知，发挥作业习题的诊断功能，鉴别学生是否学懂和学会。

3. 素养导向原则

设计的习题应能体现学科素养的方向，体现物理学科的特点，在知识、实验和思维方向发挥作业的育人功能。

---

① 上海市教育委员会教学研究室. 中学物理单元教学设计指南［M］. 北京：人民教育出版社，2018：51.

② 王力争，刘历红. 基于核心素养的结构化教学研究：以银川三沙源上游学校的实践探索为例［M］. 北京：中国社会科学出版社，2021：8.

4. 分层性原则

设置基础题和提高题，基础题为必做题，提高题供学有余力的学生完成，两项作业应在 30 分钟内完成。

5. 结构化原则

单元作业设计应在综合分析单元三向结构的基础上体现单元的结构化设计。此外，应根据一定的思维逻辑，将习题进行结构化排布，促进学生学习能力的生成。

6. 实践性原则

设置适切的实践性作业是《课标》的要求，实践类作业应设置合理的结构，以在实验和实践层面凸显单元的三向结构框架。

三、单元作业设计的路径

1. 进行大单元和小单元规划

单元规划路径见图 3 – 23。

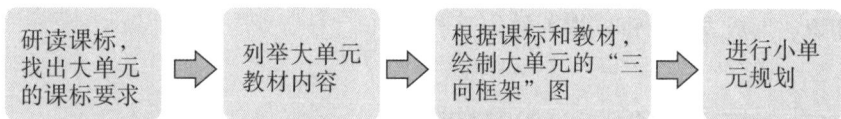

研读课标，找出大单元的课标要求 ➡ 列举大单元教材内容 ➡ 根据课标和教材，绘制大单元的"三向框架"图 ➡ 进行小单元规划

图 3 – 23　单元规划路径

案例："浮力"单元作业规划

课标表述	2.2.9　通过实验，认识浮力。探究浮力大小与哪些因素有关。知道阿基米德原理，能运用物体的浮沉条件说明生产生活中的一些现象。 4.2.6　探究浮力大小与哪些因素有关。
教材内容	本章是前三章"力""运动和力""压强"内容的延伸。通过学习第七章，学生知道了力有大小、方向和作用点，知道怎样用力的示意图描述力，这些都为学生正确认识浮力和描述浮力奠定了基础。第八章，学生学习了二力平衡的状态和条件，本章中物体的浮沉条件就是二力平衡条件的具体应用之一。第九章，由固体的压强逐步过渡到液体的压强，最后延伸到流体的压强，这些内容为学生认识浮力，领悟物体在液体和气体中都将受到浮力的作用等奠定了基础。

（续上表）

教材内容	本章设有两个重要实验，一是探究浮力的大小跟哪些因素有关，二是探究浮力的大小跟排开液体所受重力的关系。这两个实验侧重猜想和设计实验。通过一系列实验和推理，提出浮力的大小可能跟排开液体的重力有关的猜想，进而用实验检验这个猜想，得到阿基米德原理的结论。教科书的这种设计，一方面符合学生思维的逻辑，另一方面，跟前三章实验探究所侧重的能力形成互补，促进学生科学探究能力的全面发展。 本章的章首图展示的是我国的航空母舰——辽宁舰。行驶在海面上巨大、漂亮的航空母舰会对学生有很强的吸引力。这既大又重的船只为什么能漂浮在海面上、舰的自重和载重与舰的形状间有何关系等一系列问题是学生非常感兴趣的，也是学习这一章内容后能解决的问题。章首图辽宁舰除与这一章所要学习的浮力内容有关外，还可激发学生的爱国主义热情，培养学生理论联系实际和关注科技发展的意识。
知识结构 素养结构 方法线	

（续上表）

小单元名称	对应章节	知识点	思维与方法	核心素养	课时
小单元1：浮力	10.1 浮力	1. 现象：感受浮力和定义 2. 本质：浮力产生的原因 3. 规律：影响浮力大小的因素 4. 应用：2种浮力的测量方法	推理、论证、控制变量法	形成物理观念科学思维科学探究	1
小单元2：阿基米德原理	10.2 阿基米德原理	1. 现象：感知"$V_{排}$越大，浮力越大"实验 2. 本质：探究浮力的大小和排开液体所受重力的关系实验 3. 规律：阿基米德原理 4. 应用：阿基米德原理的应用	问题、论证、解释、交流	科学探究	1
小单元3：物体的沉浮条件及应用	10.3 物体沉浮条件及其应用	1. 现象：漂浮、沉底、悬浮三种状态和上浮、下沉两种过程 2. 本质： （1）从受力分析的角度讨论沉浮条件	受力分析、推理	科学思维：建模、科学推理	1

（续上表）

小单元名称	对应章节	知识点	思维与方法	核心素养	课时
小单元 3：物体的沉浮条件及应用		（2）从密度角度讨论沉浮条件 3. 规律 4. 应用：轮船、潜水艇、气球和飞艇			

2. 进行小单元作业设计

小单元作业设计路径见图 3－24。

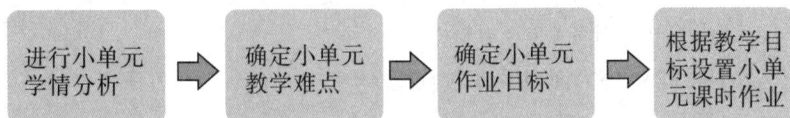

图 3－24　小单元作业设计路径

案例："小单元 1：浮力"的作业设计

学情分析
迷思概念：只有浮起的物体才受到浮力，下沉的物体不受浮力；认为物体受到浮力的大小与物体自身重力或体积有关。 知识基础：本单元内容是在前三章"力""运动和力""压强"等知识的基础上展开的，是力学基础知识的进一步延伸，学习时需用到力的示意图、力的测量、二力平衡、力和运动的关系、密度、压强等重要知识。 认知水平：在学习"浮力"这部分内容之前，学生已经学习了"密度""液体压强"等部分内容，这些内容是学生学习"浮力"这部分内容的基础。学生学习过的"二力平衡"有利于学生感知浮力的存在，判定浮力的方向。 认知困难："木块能够浮在水面，铁块却会沉入水中"学生的这一前认知往往让其认为"浮力的大小与物体的密度有关"，这是教学难点形成的原因之一。

（续上表）

学习难点
①浮力产生的原因；
②探究浮力的影响因素实验。

小单元课时作业	
课时目标	现象：感受浮力及其定义； 本质：浮力产生的原因； 规律：影响浮力大小的因素； 应用：两种浮力的测量方法。

作业板块	作业内容	作业类型
基础性作业（必做）	1. 下列关于浮力的说法中不正确的是（　　　）。 A. 浸入水中的物体受到浮力的施力物体是水 B. 浮力是由物体上下表面所受液体压力差而产生的 C. 浮力方向与重力方向相反 D. 在水中漂浮的物体受到的浮力比沉底的物体受到的浮力要大	现象
	2. 如图所示，将一长方体物体浸没在水中，物体上表面受到的压力为5N，下表面受到的压力为13N，则该物体受到的浮力为_____N；若将物体再下沉5cm，则它受到的浮力大小_____（选填"增大""不变"或"减小"）。 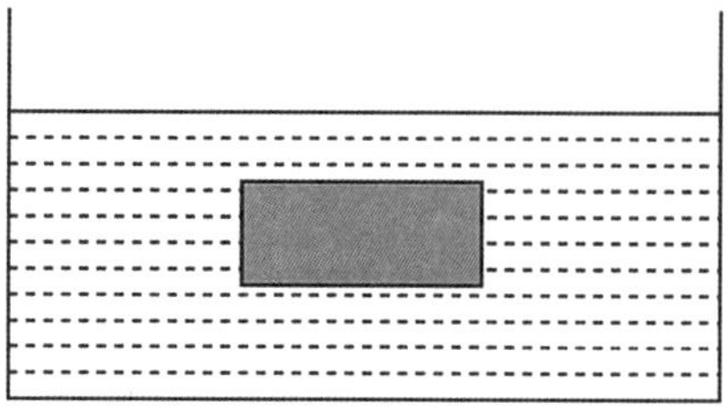 	本质

（续上表）

作业板块	作业内容	作业类型
基础性作业（必做）	3. 如图所示，水沸腾时，内部会产生大量气泡，在水中不断上升、变大。对于气泡所受压强和浮力的变化情况（气泡未露出液面时），下列说法正确的是（　　）。 A. 压强变小，浮力变小　B. 压强变小，浮力变大 C. 压强变大，浮力不变　D. 压强不变，浮力不变 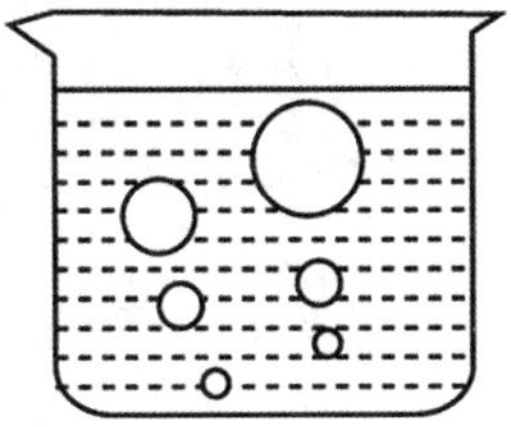	规律
	4. 如图，将小石块挂在弹簧测力计下如图甲，再浸没入水中（石块没有碰到烧杯底部）如图乙，静止时测力计示数分别是4N 和 3N，关于图乙的说法正确的是(　　)。 A. 水对石块的浮力是3N B. 石块对水有1N 的压力 C. 石块受的力有重力、拉力、浮力和水对它的压力 D. 图乙中人的手受的拉力是3N 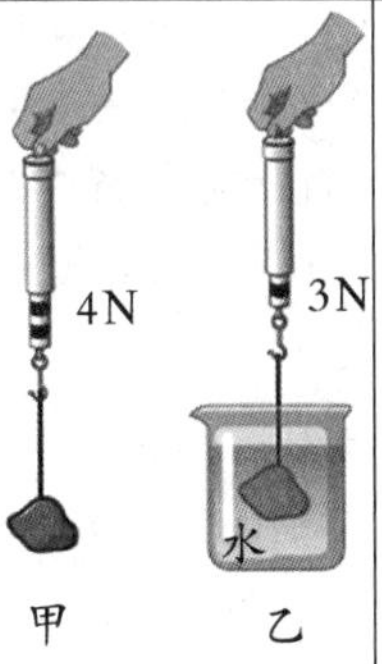	应用
拓展性作业（选做）	1. 如图甲，在弹簧测力计下挂一圆柱体，从盛水的烧杯上方某一高度缓慢下降，圆柱体浸没后继续下降，直到圆柱体底面与烧杯底部接触为止。图乙所示是圆柱体下降过程中弹簧测力计的读数 F 随圆柱体下降高度 h 变化的图像。（设水面的高度不变，g 取 10N/kg）	综合

（续上表）

作业板块	作业内容	作业类型
拓展性作业（选做）	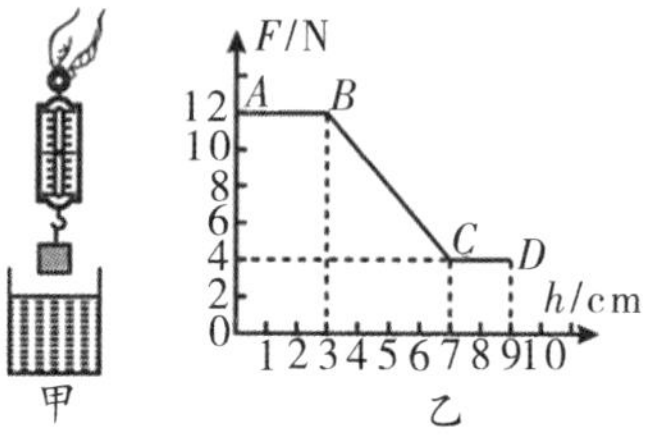 （1）分析图像 BC 段，可得出结论：物体浸没之前，浸入液体的深度越深，受到的浮力越_____（选填"大"或"小"）； （2）分析图像 CD 段，可得出的结论是浮力的大小与_____无关； （3）分析图像可知，圆柱体受到的重力是_____N； （4）圆柱体浸没在水中时，受到的浮力是_____N； （5）圆柱体的高是_____m； （6）圆柱体的密度是_____kg/m³。 2. 如图是小明"探究浮力大小与哪些因素有关"的实验情形： 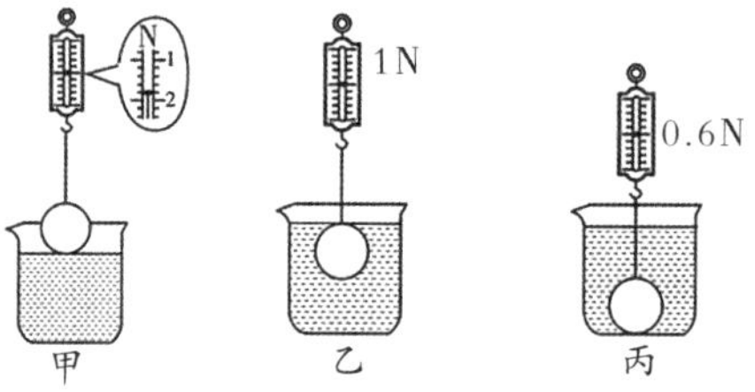 （1）物块未浸入水中时，弹簧测力计的示数如图甲所示，物块所受的重力为_____N。 （2）小明将物块从图甲下降至图乙的过程中，发现弹簧测力计的示数逐渐减小的同时，还观察到_____。由此初步分析得出：物体所受浮力的大小与它排开液体的体积有关。	综合

（续上表）

作业板块	作业内容	作业类型
拓展性作业（选做）	（3）继续增大物块所处的深度，当它与容器底部接触后，弹簧测力计的示数如图丙所示，此时物块受到的浮力为_____ _____N。 （4）为探究浮力与液体密度的关系，小明又把物块浸没到事先配制好的盐水中，这样操作的目的是控制_____相同；他发现液体的密度改变，而物块受到的浮力变化却不明显。小明想出下列四种实验改进方案，其中不可行的是_____（多选，选填字母）。 A. 换用体积更大的同种物块 B. 换用密度比水小得多的液体 C. 换用精确程度更高的测力计 D. 利用现有器材进行多次实验	综合

3．进行单元复习作业设计

单元复习作业设计路径见图3-25。

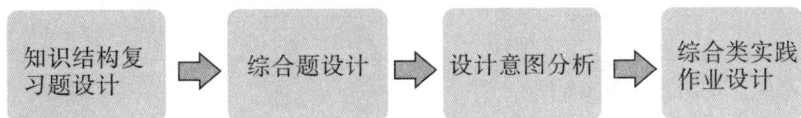

图3-25　单元复习作业设计路径

案例："浮力"单元复习作业设计

作业板块	作业内容	作业类型
基础性作业（必做）	一、知识梳理 1. 浮力 （1）定义：浸在液体或气体里的物体受到向上的力，这个力叫做_____。 （2）方向：_____。	本质认识

（续上表）

作业板块	作业内容	作业类型
基础性作业（必做）	（3）浮力的测量：先用弹簧测力计测出物体在空气中所受的重力 G；再将物体浸在水中，弹簧测力计向上拉着物体，此时弹簧测力计的示数为 $F_{拉}$，则此时物体所受的浮力 $F_{浮}$ = ＿＿＿＿＿＿＿。 （4）浮力产生的原因：浸没在液体中的物体，其上下表面受到液体对它的＿＿＿＿＿不同。 （5）影响浮力大小的因素：物体在液体中所受浮力的大小，跟它浸在液体中的＿＿＿＿＿和液体的＿＿＿＿＿有关。物体浸在液体的体积越＿＿＿＿＿，液体的密度越大，浮力就越＿＿＿＿＿。 2. 阿基米德原理 （1）内容：浸在液体中的物体受到向上的浮力，浮力的大小等于＿＿＿＿＿。 （2）公式：$F_{浮}$ = ＿＿＿＿＿。 （3）根据 $G=mg$、$m=\rho V$，阿基米德原理的公式表达可写成：$F_{浮}$ = ＿＿＿＿＿＿＿＿；式中，$\rho_{液}$ 是＿＿＿＿＿＿＿的密度而非＿＿＿＿＿＿＿的密度；$V_{排}$ 是＿＿＿＿＿＿＿的体积，而非＿＿＿＿＿＿＿的体积。 3. 物体的浮沉条件 	本质认识

（续上表）

作业板块	作业内容	作业类型
基础性作业（必做）	二、知识巩固 1. 关于浮力，下列说法正确的是（　　　）。 A. 浸在气体中的物体不受浮力 B. 浸入液体中的物体受到浮力的原因是液体对物体上下表面有压力差 C. 物体在不同液体中所受浮力的方向不同 D. 在液体中上升的物体受浮力，在液体中下降的物体不受浮力	本质认识
	2. 将一个体育测试用的实心球和一个乒乓球同时没入水中，放手后发现：实心球沉入水底，而乒乓球浮出水面，如图所示。比较实心球和乒乓球没入水中时受到的浮力大小，则（　　　）。 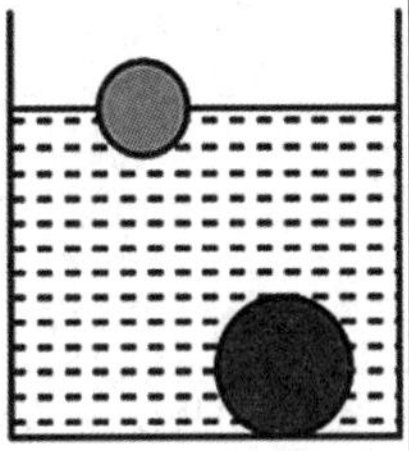 A. 乒乓球受到的浮力大 B. 实心球受到的浮力大 C. 它们受到的浮力一样大 D. 不能确定	迷思概念
	3. 图1为玩具气泡小龙仔，它可以通过控制包裹自己的气泡实现在水中自由"翱翔"。当气泡小龙仔想要下沉时，它应该＿＿＿＿＿＿＿（选填"增大"或"减小"）气泡的体积；如果气泡小龙仔所受的重力是0.8N，它停留在水中某一深度时，所受浮力的方向是＿＿＿＿＿＿的，它受到水向上和向下的压力差为＿＿＿＿＿＿N。 	物理概念
	4. 将一木块轻放入装满水的烧杯中，木块漂浮在水面上，从烧杯中溢出80g水，则木块受到的浮力为＿＿＿＿＿＿N，木块重＿＿＿＿＿＿N。木块露出水面的体积是＿＿＿＿＿＿m^3（g取10N/kg）。	规律理解

（续上表）

作业板块	作业内容	作业类型
基础性作业（必做）	5. 小红在探究"浮力大小跟排开液体所受重力的关系"，请你完成下列问题。 （1）小红准备了如下器材：小铁块、细线、盛满水的溢水杯、小桶和弹簧测力计。设计的实验步骤如下： A. 弹簧测力计测出空桶和被排开的水所受的总重力 $G_总$ B. 把小铁块浸没在盛满水的溢水杯中，并用小桶收集小铁块所排开的水，同时读出此时弹簧测力计的示数为 F C. 用弹簧测力计测出小铁块所受的重力 $G_铁$ D. 用弹簧测力计测出空桶所受的重力 $G_桶$ ①根据步骤_____，可测出小铁块受到的浮力 $F_浮$，表达式是_____。 ②根据步骤_____，可测出小铁块排开水的重力 $G_排$，表达式是_____。 A. 用弹簧测力计测出空桶和被排开的水所受的总重力 $G_总$ B. 把小铁块浸没在盛满水的溢水杯中，并用小桶收集小铁块所排开的水，同时读出此时弹簧测力计的示数为 F C. 用弹簧测力计测出小铁块所受的重力 $G_铁$ D. 用弹簧测力计测出空桶所受的重力 $G_桶$ ③该实验正确的操作步骤应是_____。 ④若在步骤 B 中，溢水杯中的水没有盛满，则会导致_____（选填"$F_浮$"或"$G_排$"）的测量值偏_____。 （2）下表是小红的具体实验过程（表序并非实验顺序），小红设计的实验记录表格如下，请将实验数据正确地填入表中。	探究实验

（续上表）

作业板块	作业内容	作业类型

小桶的重力 $G_桶$/N	小铁块受到的重力 $G_铁$/N	浸没时弹簧测力计的示数 F/N	小桶和水的总重力 $G_总$/N	小铁块受到的浮力 $F_浮$/N	排开水的重力 $G_排$/N
1	3	1.8	2.2	1.2	1.2

作业类型：探究实验

（3）根据表格内容，通过分析比较，得出的结论是_____

_____。

即阿基米德原理，该原理用公式表示为_____

_____。

基础性作业（必做）

6. 我国自主研制的载人深潜器下潜深度已突破10 000m，在载人深潜领域达到世界领先水平。（取 $\rho_{海水}=1.0^3\times10^3\,kg/m^3$，$\rho_水=1.0\times10^3\,kg/m^3$，$g=10N/kg$）

（1）潜水艇活动的海水深度一般为300m至600m。它可以通过水舱排水或充水来改变_____，从而实现浮沉。

（2）深潜器可进入更深的水域，在10 000m的深处，海水产生的压强为_____Pa。由于深海海水压强太大，深潜器实现浮沉的方法与潜水艇有所不同。

（3）小明阅读资料后，利用如图的装置模拟深潜器在水中的运动过程。物体甲、乙由一条细线连接且在水中处于静止状态，已知乙的质量为0.2kg，体积为25cm³，则乙所受浮力的大小为_____N，乙受到细线的拉力为_____N。若剪断细线，甲将_____（选填"上浮""悬浮"或"下沉"），此时甲所受浮力_____（选填字母）。

A. 增大，且大于重力
B. 不变，且等于重力
C. 不变，且大于重力
D. 减小，且小于重力

作业类型：应用

（续上表）

作业板块	作业内容	作业类型
基础性作业（必做）	7. 如图所示，水平放置着的圆柱体容器中有一定量的水，棱长为10cm的正方体木块 A 在细线拉力的作用下静止在水中，此时细线的拉力为4N。（$\rho_水 = 1.0 \times 10^3 \, \mathrm{kg/m^3}$，$g$ 取 10N/kg）求： （1）木块 A 受到的浮力； （2）木块 A 的重力； （3）木块 A 的密度。 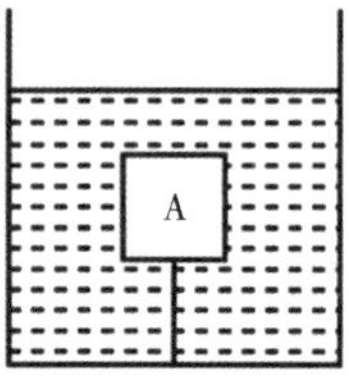 	应用
拓展性作业（选做）	8. 水平桌面上甲、乙、丙三个完全相同的容器中装有不同的液体，将三个相同的长方体 A、B、C 分别放入三个容器的液体中，静止时的位置如图所示，三个容器的液面相平，则下列判断正确的是（　　　　） A. 物体受到的浮力 $F_A > F_B > F_C$ B. 容器对桌面的压力 $F_甲 > F_乙 > F_丙$ C. 液体对容器底的压强 $p_甲 = p_乙 = p_丙$ D. 物体下表面受到液体的压力 $F_{A'} > F_{B'} = F_{C'}$ 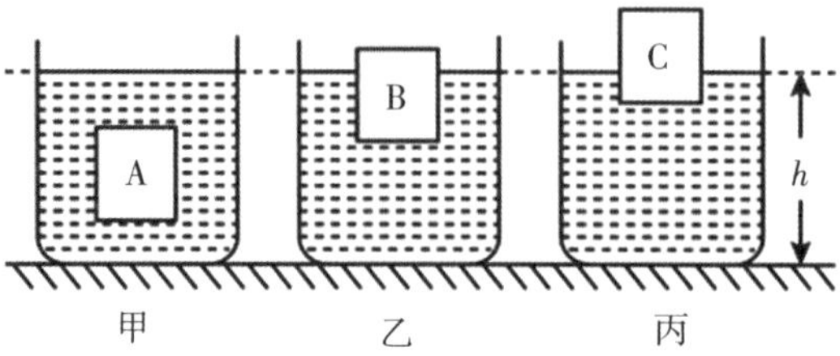 	现象、规律

（续上表）

作业板块	作业内容	作业类型
拓展性作业（选做）	9. 受"曹冲称象"的启发，小明利用大烧杯、小烧杯、量筒、油性笔和足量的水（密度为$\rho_水$），测量小石块（不吸水）的密度，实验步骤如图所示。 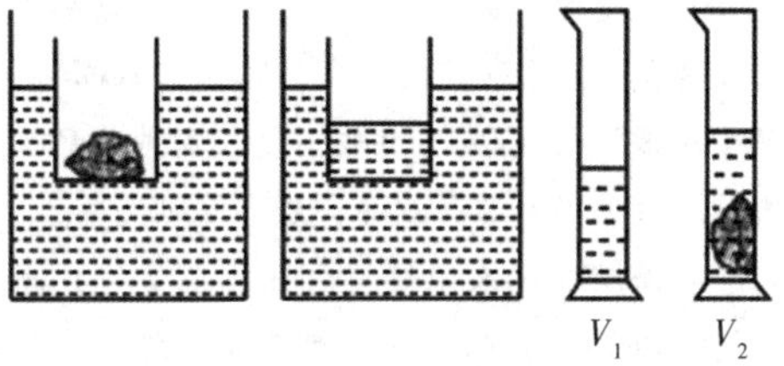 （1）使小烧杯漂浮在装有适量水的大烧杯中，将小石块放入小烧杯中，用油性笔在小烧杯上标出水面的位置。 （2）取出小石块，向小烧杯中加水，直至_____，此时小烧杯中水的质量与小石块的质量_____。 （3）将小烧杯中的水全部倒入量筒中，量筒的读数为V_1，则小石块的质量为_____。 （4）将小石块放入量筒内，量筒的读数为V_2，则小石块的体积为_____。 （5）由 $\rho = \dfrac{m}{V}$ 计算得出小石块的密度 $\rho_石$ = _____。（均用测得量的字母表示，水的密度为$\rho_水$）	实验拓展
	10. 如图甲所示，实心物体被绳子拉着浸没在水中，此时它受到_____个力的作用；剪断绳子后该物体运动直至静止，请在图乙中画出浮力$F_浮$随时间t变化的大致图像。 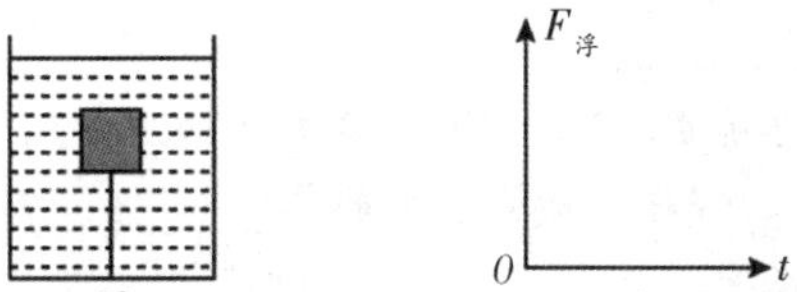 	现象、理解

（续上表）

作业板块	作业内容	作业类型
拓展性作业（选做）	11. 阅读短文，回答问题。 **惊心动魄的 3 分钟** 　　海水跃层是指上层海水密度大、下层海水密度小的状态，形成负密度梯度跃变层，被称为"海中断崖"。潜艇在水下若突遭"海中断崖"，会急剧掉向海底，称为"掉深"，大多数常规潜艇的安全潜深为 300m，潜艇不受控制地掉到安全潜深以下时，会被巨大的海水压力破坏，造成潜艇失事。 　　中国海军某潜艇在一次巡逻中，就碰见了"掉深"的情况。"掉深"潜艇的主机舱管路发生破损，艇长立即发出命令："损管警报! 向所有水柜供气!"不到 10 秒钟，应急供气阀门打开，开始给所有水柜供气; 1 分钟内，上百个阀门关闭，数十种电气设备关闭; 2 分钟后，潜艇各舱室封舱完毕，但"掉深"依然继续。3 分钟后，"掉深"停止，深度计开始缓慢回升。潜艇闯过鬼门关，化险为夷，创造了我军乃至世界潜艇史上的奇迹。（假设海水的密度为 $1.0 \times 10^3 kg/m^3$, g 取 10N/kg） （1）遇到"海中断崖"时，潜艇会失去平衡而急剧下沉的原因是_____。 A. 海水密度变大，浮力变大，重力不变 B. 海水密度变小，浮力变小，重力变大 C. 海水密度变小，浮力变小，重力不变 D. 海水密度变大，浮力不变，重力变小 （2）潜艇下潜至 300m 深度时受到海水的压强等于标准大气压的_____倍。（1 标准大气压取 $1 \times 10^5 Pa$） （3）"向所有的水柜供气"的目的是_____。 （4）潜艇"掉深"有所减缓，但不会立即停止，这是因为潜艇具有_____。 （5）若潜艇总质量为 $2.6 \times 10^3 t$，体积为 $3 \times 10^3 m^3$，要使它从海面潜入海水中，至少要向水柜充入_____ m^3 的海水。	应用

（设计者：黄庆虹、蔡纯纯等教师团队）

四、习题的挑选

1. 体现习题的情境性：解决真实问题

选择习题时，要注重习题的情境性，发挥习题的育人功能，将真实问题通过情境呈现，使学生在解题过程中完成从情境到物理模型的转化，从模型再转化为物理规律的列式，最后通过数学运算解决问题，整个过程凸显通过物理习题教学实现学生科学思维的培养。

2. 体现习题的素养性：实现核心素养的基本目标

物理核心素养的四个方向分别是物理观念、科学思维、科学探究、科学态度与责任。习题的挑选应注意在完成习题过程中，培养学生的核心素养。

如学生在解答问题时，通过液体压强公式的推导，经历"建模—物理语言—数学列式—解决问题"的过程，这个过程就是科学思维的推理论证的过程。

3. 区分试题和习题

好习题不等于好试题。试题发挥甄别选拔的功能，而习题发挥构建知识结构和培养各种能力的功能。作业的习题不应盲目地选择中考题，而是应该根据实际情况，区别对待教学中是新课的教学还是中考复习，合理选择相应的题目。例如，有关"功率"的习题：1W 有多大？本题不是好试题，却是好习题！题目的选材好，是重要、基本的物理问题，建立概念后的初步练习应涉及这种问题；通过力、距离、时间的具体情境，对功率的概念作具体的解读；学生通过亲自操作体验 1W 的大小，增强实践意识。

4. 作业设计要体现单元设计的思想

目前常规的作业缺乏对课程整体的把握和结构化处理，不利于把握《课标》的精髓。

单元教学设计就是从一章或者一单元的角度出发，根据章节或单元中不同知识点的需要，综合利用各种教学形式和教学策略，通过一个阶段的学习，让学习者完成对一个相对完整的知识单元的认知。

对于"力"单元新课作业，应体现以"力"为总体框架结构的作业思想。从力的概念、重力、弹力、摩擦力的角度构建力的整体框架，使学生形成对"力"概念的进阶认识。而对于"力"单元的复习课作业，应体现"力与运动"之间的关系，题组应该从力的概念、运动的描述和力与运动的关系进行作业的设置，体现对知识的整合和梳理。

五、单元教学作业框架

基于以上分析，物理作业需要对应核心素养目标，因材施教，通过"基础作业 + 拓展作业 + 实践类作业"的作业框架，进行单元教学作业设计（如表 3 - 8 所示），体现知识与技能的结构化，实现育人目的。

表 3 - 8　单元教学作业框架

必做	基础作业（纸笔作业）	30 分钟
选做	拓展作业（纸笔作业）	
	实践类作业	不限

基础作业和拓展作业以纸笔作业为主，在作业纸或练习册上完成。其功能在于诊断学生对基本知识能否理解和应用。基础作业完成时间是 30 分钟，但学有余力的学生也许不需要 30 分钟就完成了，那么就可以选做拓展作业，即在 30 分钟内完成基础作业和拓展作业。

实践类作业分为三类：课本实验、课标实验和课外拓展实验。学生通过在课后选做三类实验，增加动手机会，提高应用知识解决实际问题的能力，培养科学素养。

六、习题的结构

根据不同的教学需要，应配置不同结构的习题，使习题的选择有序有效，促进知识的整合、思维的进阶、综合能力的生成。

（一）结构一：回顾类、思维类、探究实践类

回顾类：通过梳理、归类、组合，帮助学生搭建知识结构和掌握学习方法，夯实基础，侧重帮助学生理解核心概念和规律。

思维类：展现思维过程，暴露思维盲点。

探究实践类：探究实验、趣味实验、随堂实验、演示实验、创新实验等。

在新课的作业设计中，教师可用这三类作业，凸显物理教学的特点，深入

把握物理教学中的知识、思维和实验三个板块的基本特色，帮助学生形成对概念或规律的认识，形成整体知识框架，梳理并提升认知。

（二）结构二：现象、本质、规律、应用

物理学科通过科学观察、实验探究、推理计算等形成系统的研究方法和理论体系。《课标》从关注"教"转向关注"学"，作业是教师引导学生开展的自主学习活动，它是承载学习内容、体现学习方法、实施过程评价的载体。现象、本质、规律、应用是物理知识的四个层级：①现象：观察到怎样的现象？②本质：现象形成的原因是什么？③规律：现象背后的规律是什么？④应用：怎么应用学到的物理知识？教师从这四个层面对新课的学习进行习题构建，帮助学生通过习题深刻理解物理概念和规律，促进素养的形成。

（三）结构三：复习课

1. 情境相同、知识异构

案例：基于下图的情境，测量小灯泡的电阻、测量小灯泡的电功率

将小灯泡换成电阻丝，可将题目变换成探究电阻与什么因素有关；将电流表、电压表填上数值，可变成计算题；改变滑动变阻器滑动的触头，此题又变成一道电路动态分析题。

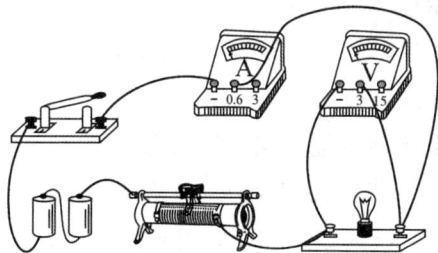

2. 增加情境的复杂程度，促进思维的进阶

案例：串联电路的电流、电压、电阻、功率、电能、电热综合题组

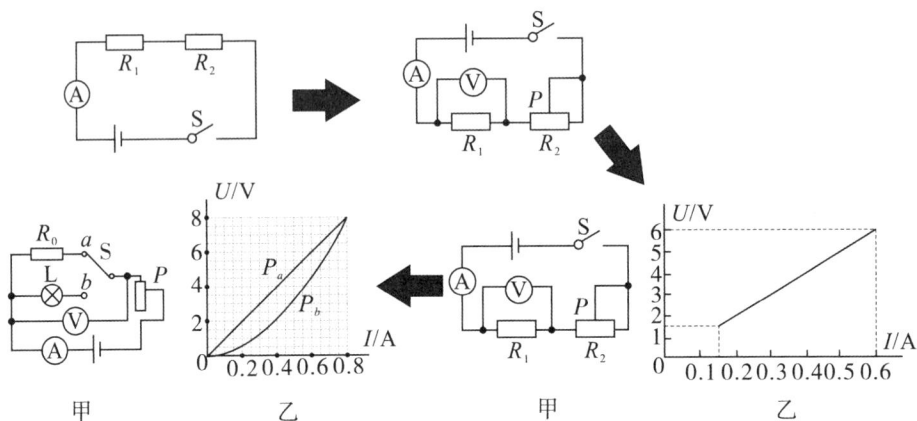

这组题中，从基本的串联电路，到加入电表，再递进到图像的表达，最后是混联电路和图像的综合，情境一步步变得复杂了，但学生在解题组的过程中，思维无疑得到了训练。

3. 同一问题，条件重组

案例：缺少器材测量物体密度的大小

问题：生活中如何用身边的器材来测量固体和液体的密度？如果缺乏天平，如何测量？如果缺乏量筒呢？

进阶的起点：教材的两个基本实验：用电子秤（烧杯）、量筒和水测量铝块的密度和盐水的密度，悬挂法测浮力，阿基米德原理。

进阶的终点：用同体积或同质量的物体测量质量或体积。

"测量物体密度大小"题组设计

	题1：弹簧测力计	题2：结合图像	题3：电子秤或台秤
结合浮力，求解物体的体积 V	G F A G_0 F	甲 F/N 18 15 12 9 6 3 0 2 4 6 8 10 12 h/cm 乙	100g 20g
借助水的体积可测量，求解物体的质量 m	**题4：借助量筒** mL V_1　mL V_2　mL V_3 甲　乙　丙　丁		**题5：借助电子秤测量液体的密度，结合浮力等体积思想列式**

（设计者：渔洲中学　黄静蓉）

4．情境相似，思维相似，不同应用

案例：变阻器的应用

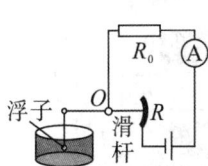

油表

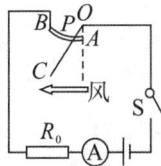

风力测量仪

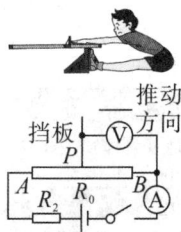

体前屈项目测试仪

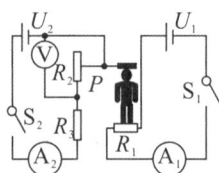

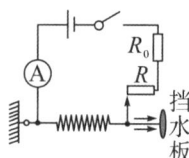

身高体重测量仪   台秤压力计   水流速度测试仪

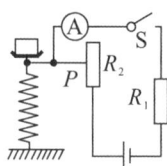

这组题目都是通过改变变阻器的电阻从而改变电路中的电流、电压，应用虽然不同，但思维方法都一样，所以可作为一组习题供学生作答，起多题归一的目的。

七、单元结构化实践类作业

通过梳理单元目标，设置目标对应的实践类作业，分解大项目，形成单元微项目，几个微项目串起来，形成具有一定逻辑关系的单元结构化实践类作业。

案例："浮力"的单元实践类作业设计

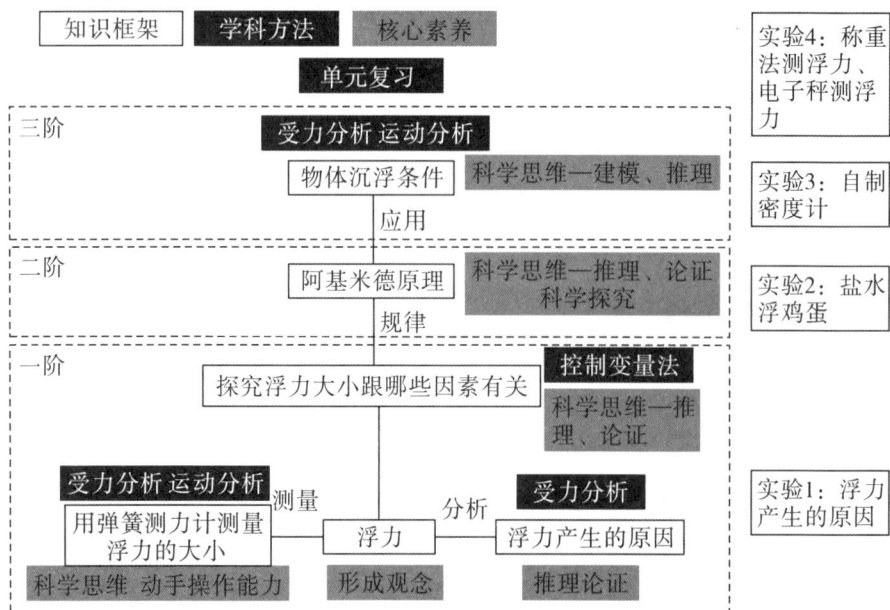

具体作业题如下：

"浮力"单元实践类作业题

单元	作业内容	考查知识点	作业上交形式
小单元1：浮力	利用去掉底部的矿泉水瓶、乒乓球，做如图所示实验。 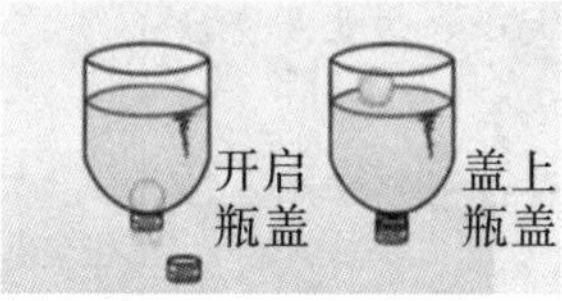 开启瓶盖　盖上瓶盖 1. 把乒乓球放进矿泉水瓶，往里面加水，不拧上瓶盖。观察乒乓球是否会浮起。 2. 盖上瓶盖，再次观察乒乓球的运动情况，对比思考盖上瓶盖前后乒乓球变化的原因，尝试利用所学知识进行解释。	浮力产生的原因	拍摄视频
小单元2：阿基米德原理	准备杯子、清水、食盐、鸡蛋、搅拌棒。 （实验前可以先以上一节的实践作业铺垫，提出问题：水可以使所有物体浮起吗？） 1. 把鸡蛋放入装有清水的烧杯中，观察鸡蛋的状态。 2. 思考鸡蛋为何沉底，鸡蛋有受到浮力吗？猜想鸡蛋没浮起来的原因：可能是鸡蛋受到的浮力较小。 3. 应用所学知识，思考如何增大浮力（根据阿基米德原理，很容易得出：可通过增大液体密度来增大浮力）。 4. 思考如何增大液体密度。 5. 往清水里加盐，搅拌，再次观察鸡蛋的状态。 拓展：再继续加盐，鸡蛋的状态会有变化吗？与第5点的现象进行对比（为下一节知识做铺垫），思考鸡蛋状态变化的原因。	阿基米德公式的应用 $F_{浮}=\rho_{液}gV_{排}$	拍摄视频

（续上表）

单元	作业内容	考查知识点	作业上交形式
小单元3：物体沉浮条件	由上一节的实践作业发现，鸡蛋在不同浓度的盐水中状态不同，由本节知识认识到，鸡蛋可以悬浮在盐水中，也可以漂浮在盐水中，两种状态下鸡蛋所受浮力不变，$\rho_液$ 变大，$V_排$ 变小。由此获得灵感，可以通过观察 $V_排$ 大小，反过来判断液体密度大小。这就是密度计原理。 1. 自制密度计（大号塑料吸管、蜂蜡、沙子、打火机）。 2. 利用自制密度计先测量清水密度，做好标记1（类似轮船吃水线），再创设情境：装盐水和酒精的瓶子标签掉了，能否利用自制密度计来判断。 将自制密度计放入其中，通过 $V_排$ 大小来区分，即判断液体密度比水大还是比水小。 3. 判断出酒精和盐水后，也做上标记2和3，再查密度表中酒精和盐水的密度，给三个标记加上刻度。观察密度计的刻度有什么特点（发现上小下大，且刻度不均匀）。	浮沉条件的应用	视频或实验报告
单元复习	称重法测浮力： 工具：弹簧测力计、铝块、清水、盐水、细线、烧杯。 1. 设计实验：测量铝块在清水中（$V_排$ 不同）时受到的浮力大小（部分浸入、浸没）。 2. 设计实验：测量铝块浸没在清水、盐水中受到的浮力大小，并进行实验测量。	受力分析	视频、实验报告（包括实验原理、实验测量物理量、实验步骤、数据记录）

（续上表）

单元	作业内容	考查知识点	作业上交形式
单元复习	特殊方法测浮力1：（家庭工具） 工具：电子秤、溢水杯、鸡蛋、杯子（无刻度） 根据现有工具，应用所学知识，设计粗略测量鸡蛋受到浮力大小的实验，并进行测量。 1. 测 $m_{杯}$（电子秤）。 2. 装满溢水杯，放入鸡蛋，用杯子收集溢出的水，测 $m_{总}$（电子秤）。 $m_{排} = m_{总} - m_{杯}$ 再计算出 $G_{排}$，根据阿基米德原理即得 $F_{浮}$。	知识应用	视频、实验报告（包括实验原理、实验测量物理量、实验步骤、数据记录）
	特殊方法测浮力2： 1. 利用电子秤测漂浮/悬浮在水中物体的浮力大小（背景：称重法测浮力只用于 $\rho_{物} > \rho_{液}$ 的情况）。 2. 情景：乒乓球漂浮在水中、鸡蛋悬浮在一定浓度的盐水中，只给你一个电子秤作为测量工具，你能测出它们受到的浮力大小吗？ 利用浮沉条件知识，设计实验方案，并进行测量。 利用二力平衡，电子秤测 $m_{物}$，算出 $G_{物}$，可得浮力大小。	受力分析、推理	视频、实验设计

（设计者：林百欣中学　蔡纯纯　古伟强　马颜鹏）

综上所述，初中物理单元结构化作业设计对物理教育具有重要作用。通过梳理单元结构化作业的原则、特点以及设计路径，可以更好地理解如何有效地设计作业。在作业设计的过程中，应注意选取适当的习题，这些习题应当能够帮助学生巩固所学知识，培养解决问题和分析思维的能力。习题的结构也是一个关键因素，应当包括不同难度和类型的题目，以适应不同学生的学习需求。此外，结构化实践类作业可将理论知识与实际应用相结合，增强学生的实际操作能力，开拓创新思维。当然，我们也要意识到作业设计并非一劳永逸的过程，它需要不断改进和调整，以适应学生的不同需求和学习环境的变化。教师在设计和布置作业时，应该灵活运用各种策略和方法，以促进学生的全面发展，提高学习成效。

第四章 实验教学的有效性与评价研究

第一节 提高初中物理实验教学有效性研究

本研究的目的是通过改进实验教学的过程，提高实验教学的有效性。本研究对初中物理教师的实验教学课堂操作具有借鉴意义，对推动课程理念、培养学生素养起积极作用。

一、研究背景

《课标》指出：义务教育物理课程是一门以实验为基础的自然科学课程。此阶段的物理课程应注意让学生经历实验探究过程，学习科学知识和科学探究方法，提高分析问题及解决问题的能力。《课标》将实验探究作为一级主题，包含 9 个测量类和 12 个探究类学生必做实验。《课标》将学生必做的实验单独列出，目的是强调义务教育物理课程是一门注重实验的自然科学基础课程，要让学生经历实验探究过程，学习科学知识和科学探究方法，乐于参加与科学技术有关的活动，有主动研究方法的意识。教学中，教师应当根据《课标》的要求指导学生完成必做的实验内容，并积极创造条件增加有利于帮助学生形成知识结构的其他实验。物理教学不能以纸笔练习代替实验，不能以课件演示代替实验，不能以演示实验代替学生实验。教学应遵从教学常规，按《课标》要求让学生亲身经历探究过程。

首先，按照教学形式划分，中学物理实验可分为演示实验、学生分组实验、随堂实验以及课外实验与制作等。在物理教学过程中，研究不同的实验类型应如何把握教学的重难点，对于落实素养目标、提高实验教学的有效性，具有重要意义。

其次，《课标》明确将科学探究作为一项课程内容列出，指出了科学探究包含问题、证据、解释、交流等要素。具体到哪些实验落实哪些探究要素，则需要我们去研究、对比、实验，制定出循序渐进的、符合学生认知特点的教学目标和教学方案。

最后，学生学习的过程和效果是物理教学评价的重要内容。为此，教研队伍应设计出相应实验的书面测试，改变以记忆为主、脱离实际的书面测试内容和方法，努力创设具体的实验情境，加强试题的综合性、探究性和开发性。目前，市面上的测试题质量参差不齐，对于测试题的质量评价和学习效果评价缺少相关的研究资料。因此需要我们对评价内容展开研究，制定出实验评价的标准，为教学提供反馈信息，从而评价学生的学习效果，为教学提供参考依据。

二、研究意义

本研究的理论价值：①通过对教学有效性的理论研究和对探究科学实验的理论研究，制定出初中科学探究实验教学的有效性标准，以此来指导教学行为，提升教师的理论素养，使实验教学的方向有标准可依据。②基于《课标》中的科学探究实验，开展教学实验，学习理论知识，提出探究实施方法和策略，完善初中物理探究实验的理论基础。

本研究的应用价值有：①通过反复"磨课"和实践验证，设计出学生必做实验和针对探究实验的教学目标、教学方案和学业质量评价标准，可作为教师备课的参考资料；②通过学案辅助实验教学，编写出必做实验的学案和复习课学案；③通过研究和推广，落实科学探究实验，激发学生对物理学科的兴趣，提高学生的科学素养；④提升一批教师的专业素养和教育教学水平。

三、理论依据

（一）建构主义理论

科学探究的理论依据是建构主义。建构主义认为，知识不是被动吸收的，而是由知识学习的主体——学习者在一定的情境下，借助他人的帮助，利用必要的学习资料，通过意义建构的方式获得。知识的建构不能由他人代劳，教师是意义建构的帮助者、促进者，而不是知识的传授者与灌输者。物理教学研究发现，学生对物理失去兴趣，很大程度上是因为学生脑海中不会或不能浮现物理现象，再现物理过程及物理情景。因此，我们要为学生创设一种符合学生知识建构方式的学习模式，在探究中激发学生学习物理的兴趣，让学生用科学探究的方法建构物理知识。

（二）主体性教育理论

主体性教育理论认为，学生既是教育的对象，又是学习、认识和发展的主体，一切教育的影响都是外部客体刺激，只有通过主体的同化和顺应，才能转化为主体的素质。学生是学习的主体，要调动学生学习的主动性，让学生自主发展。教育者要通过启发引导受教育者的内在教育需求，创设和谐的教育环境，有目的、有计划地组织各种教育活动，从而把他们培养成为自主、能动、有创造性的社会主体。学生的主体地位是进行教学的出发点、依据和落脚点，是在物理学科中实施教学的核心。师生互动可增进师生间的了解，教师能因材施教，学生能动起来，体现主体性。

（三）多元智能理论

多元智能理论认为，人的智能至少可分为八个范畴：语言、逻辑、空间、肢体运动、音乐、人际、内省、自然探索。学校在发展学生各方面智能的同时，必须留意每一个学生只会在一两个方面的智能特别突出；而当学生未能在其他方面追上进度时，不要让学生因此受到责罚。多元智能理论有助于教师从智能分布方面了解学生，发掘资优学生，并为他们提供合适的发展机会；也有助于帮助后进学生，采取更适宜的教学方法。

四、主要概念的界定

（一）初中实验教学

实验教学是物理教学的重要组成部分，是落实物理课程标准、全面提高学生科学素养的重要途径。[①] 在物理课程中，实验和科学探究有着紧密的联系，实验是科学探究的重要方式之一，物理实验通常包括演示实验和学生实验等。《课标》指出，凡是用"通过实验"这一措辞陈述的知识内容，都必须通过实验来学习，这些实验是必须做的，是《课标》对物理实验的基本要求。本课

---

① 李新乡，张军朋. 物理教学论［M］. 2 版. 北京：科学出版社，2009.

题主要研究初中物理演示实验和学生实验（特别是探究性实验）的操作标准、课堂教学建议和评价标准。

（二）教学有效性

主要指在一定的教学投入（时间、精力、努力）内，通过教师的教学，学生所获得的具体的进步和发展。学生的进步和发展是衡量课堂教学有效性的唯一尺度。评价教学是否有效，不是以教师是否完成教学内容或教学任务或教得认真不认真为标准，而要看学生有没有学到知识或学生学得好不好。它所关注的是教师能否使学生在教学行为影响下，在具体的教学情境中主动地建构知识，发展自己探究知识的能力和思维技能，以及运用知识解决社会生活中的实际问题的能力。如果学生不想学、学了没收获或收获不大，即使教师教得再苦，也是无效、低效的教学；如果学生学得很苦，而没有得到应有的发展，那么这样的教学也是无效、低效的教学。本课题主要研究提高实验课堂教学成效的方法。

五、开展实验教学实践

（一）开展学案辅助实验教学的教学实验

我们选择在 L 校八年级和 S 校九年级开展两个有关导学案的教学实验。L 校八年级的主题是"导学案辅助实验教学"，实验目标是利用导学案来提高实验课堂的有效性；在 S 校初三年级的实验主题是"'实验器材 + 导学案'复习课模式"，对复习课进行优化，提高复习课的实效。

两个实验采取的方法都是一样的，每校挑选两个班级，实验班及对照班，实验班采取课堂改革的模式，对照班保持传统教学，两个班级由同一位教师教授，前测成绩基本一致，通过后测成绩和学情调查表来考量教学效果，时间为一个月。

1. "导学案辅助实验教学"实验

我们以 L 校八年级（6）班学生（共 63 人）为实验对象，八年级（7）班学生（共 66 人）为对照班，于 2013 年 10 月 5 日—11 月 5 日，进行了为期一个月的"导学案辅助实验教学"实验研究，对导学案的完成情况、实验能力考核及单元考试成绩进行分析，并通过问卷调查的方式收集数据，对数据进行分析，对实验给予评估。

（1）自变量。

自变量设置：学生通过导学案进行学习。

自变量操作：

①在进行实验之前，教师提前发下导学案让学生预习，在物理概念、物理规律、物理实验研究方法等方面对学生进行指导。

②教师提供实验器材，并结合导学案的内容，对学生的实验操作的合理性、出现的问题及实验结论的归纳进行方法指导，指导学生顺利完成实验。

③教师对学生的实验结果及完成的导学案进行评价。

（2）因变量。

因变量设置：学生自主完成导学案的能力、实验操作能力和观察能力的变化。

因变量操作：学生利用导学案进行预习，课堂上通过小组合作完成实验操作，做好实验数据的记录和结论的分析归纳，独立完成导学案的基础题部分，实验完成后要结合导学案的练习题加以巩固，并将导学案归类整理，装订成复习资料。

因变量检测方法：

①导学案完成情况：教师每周将导学案收齐并进行批改，进行等级评价。

②学生成绩评估：通过实验能力考核及期中、期末考试进行检测。

③学生能力自评：通过问卷调查的方式对学生进行前测和后测，做出分析和评价。

2. "实验器材＋复习学案"复习课模式实验

2014 年 3 月 14 日至 4 月 14 日，我们在 S 校九年级（1）班采取了为期一个月"实验器材＋复习学案"复习课的教法改进实验研究，以非实验班（2）班进行教学对比，对比复习期间各阶段考试成绩变化。此外，我们还进行了问卷调查分析，考察实验对学生实验能力和复习效率的影响。

（1）自变量。

自变量设置：实验器材进入复习课，重做物理实验，复习知识内容；编写复习导学案，配合实验的演示和操作，帮助有效复习。

自变量操作：由教师操作实验，学生填写相关复习导学案；由学生演示实验，其他学生填写相关复习导学案；学生总结实验题的解题步骤。

（2）因变量。

因变量设置：学生对实验原理的理解程度，实验操作能力和应试能力的变化。

因变量操作：学生当堂解题答题，答题正确的小组进行加分，分数计入学期总评成绩。

因变量检测方法：

①学生成绩评估。利用复习期间进行实验，利用各阶段考试成绩进行检测。

②学生能力自评。通过问卷调查的方式对学生进行前测和后测，做出分析和评价。

（二）研究探究环节的实施方法

经过上阶段的实验，教师已能熟练编写实验课学案和复习课学案，这个阶段主要的研究任务是通过学案教学，根据教材内容进行分工，研究探究七要素的实施方法。

（三）开展必做实验的教学标准"磨课"活动

"磨课"活动贯穿整个过程。由于必做实验按照教材内容分布于八年级和九年级，所以"磨课"活动随教学进度进行，贯穿整个课题阶段。"磨课"的内容包括实验操作标准、评价标准、教学内容，最后形成参考教案、学案、课件、操作标准和评价标准的整套实验教学内容。"磨课"流程是：教师分组→每位教师编写一个实验的所有材料→编写材料的教师进行磨课内容阐述→同组教师讨论修改（组长记录讨论过程）→各教师进行课堂实践→编写教师修改并形成文字材料交给组长→组长汇总、把关资料，形成该实验的资料包。整个"磨课"过程由教师上课、讨论、整理和整合，力求形成适合学生的教学参考材料。

六、研究结果分析

（一）"导学案辅助实验教学"的课堂模式研究结果分析

在使用导学案辅助实验教学后，教学的方法途径改变了。实验室成了学生学习的主要场所，教师成为学生学习的指导者、评价者。课堂模式研究的宗旨是把学习的权利还给学生，让学生自己动手探索、体验。我们经历了这样的研究过程，见图 4-1：

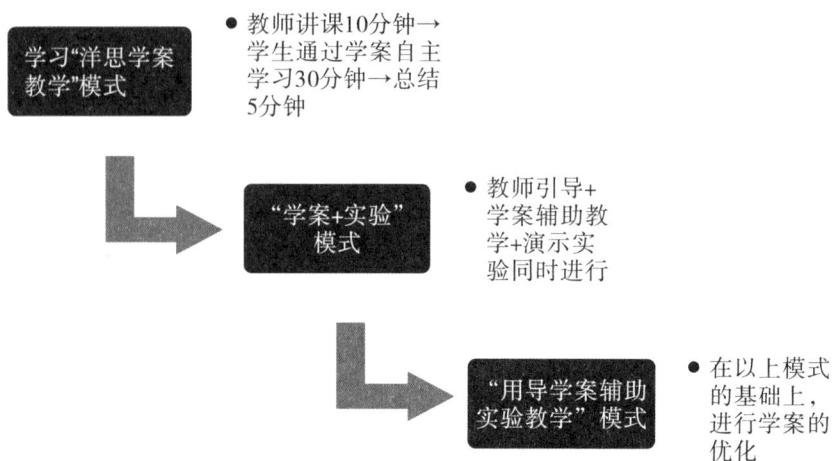

图 4 - 1　课堂模式变革研究路径

　　一开始，我们的做法是学习"洋思学案教学"模式，由教师编写导学案，学生根据导学案的内容自主学习，教师将讲课的时间控制在 10 分钟内，学生自主学习 30 分钟。但是，实践证明，这样的做法，教师和学生都非常不习惯。我们从观察者的角度来看，学生长期以来的学习习惯是听讲，30 分钟的自主学习不仅没有提高课堂效率，还让课堂氛围不活跃，而且不能体现物理课堂的实验环节。

　　因此，我们加入实验环节，进行新的尝试，不再做时间限制，而是根据教材的内容来设置时间，具体的课堂流程是：教师演示实验，学生将观察到的现象和结论记录到导学案中，然后做练习题巩固。对比"洋思学案教学"模式，实验的加入让我们的课堂更有"物理味"，但是能否进一步发挥学生主观能动性，让学生更乐思和乐学？

　　于是，我们调整导学案，将实验的猜想环节和设计表格环节也充实到导学案中来，让学生能记录下自己的想法，在课堂时间方面，给学生更多的时间让他们填写和思考，最后形成了"用导学案辅助实验教学"模式。以下是导学案的编写环节：

　　学习目标→导学方法→课前导学→课堂导学→交流展示→运用（例题）→拓展提升→课后反思

　　L 校两个班一个月的课改实验有如下发现：

　　1. 利用导学案辅助实验教学能提升学生成绩

　　实验前对 L 校 2013 级八年级（6）班和（7）班的考试成绩进行检测，发现成绩无显著差异，（6）班为实验班，（7）班为对照班。教学内容是八年级物理第二章、第三章。由同一位教师任教，教学水平无差异，课时相同，教材、教学计划、教学内容、教学进度相同，仅有教学方法不同。

表 4 - 1　L 校八年级实验数据

班别	人数/人	前测			后测		
		平均成绩/分	优良率/%	及格率/%	平均成绩/分	优良率/%	及格率/%
实验班	63	65.43	11.8	76.52	68.59	18.74	78.62
对照班	66	64.45	12.1	75.23	63.51	13.25	75.66

从试卷的卷面分析，表 4 - 1 表明，对于实验内容的掌握程度，实验班高于对照班。

2. 导学案辅助实验教学，对提高中等生和后进生成绩的效果明显

表 4 - 2　L 校八年级实验平均分

班别	人数/人	前测平均分			后测平均分		
		绩优生	中等生	后进生	绩优生	中等生	后进生
实验班	63	83.45	69.72	49.03	82.55	67.46	47.02
对照班	66	82.32	69.56	47.27	81.87	61.46	42.86

表 4 - 2 表明，通过导学案辅助实验教学，中等生和后进生的学习进步效果更加明显，教学方法的优化，对提升中等生和后进生成绩有重要作用。

表 4 - 3　L 校 2013—2014 学年度八年级学生物理期末质检成绩对照表

成绩	第一学期	第二学期
龙湖区平均分	49.7	45.8
L 校平均分	53.2	50.2
差额	3.5	4.4

表 4 - 3 表明，第二学期 L 校平均分超出区平均分 4.4 分，比第一学期超出分数更多。

（二）"实验器材＋复习学案"的复习课模式教学实验研究结果分析

首先，教师编写复习学案，将学案的组成简化为"课本探究""真题训练""模拟考试"三个模块。通过课本探究实验的回顾，寻找探究的基本方法，用基本方法解答近年中考试题，由原理到实战，由浅入深地对学生进行训练。

其次，将实验器材带入课堂。改变传统复习课的重复性练习，将实验器材带入课堂，通过还原实验，使习题变得"有血有肉"。在实验复习课上以探究实验为主线，加强学生视觉感受，让学生经过观察，激活大脑中原有的情感结构和认知结构，进一步激发学生学习物理的兴趣，培养学生的思考能力。

以下是S校的情况：样本是九年级（1）班和九年级（2）班（各55人），在2014年3—4月进行实验，（1）班为实验班，采取"实验器材＋导学案复习课"模式，（2）班为对照班，保持传统的教学方式。

1. 对成绩的影响

表4-4 S校九年级实验

班别	人数/人	前测			后测		
		平均成绩/分	优良率/%	及格率/%	平均成绩/分	优良率/%	及格率/%
实验班	55	82.66	32.10	87.54	87.49	48.61	92.30
对照班	55	83.45	33.26	86.38	84.08	40.83	90.29

表4-4表明，实验班的平均分、优良率、及格率都明显高于对照班。

2. 对学生学习态度的影响

表4-5 S校学生问卷调查

问题	选项	前测/%	后测/%
你喜欢做物理实验吗？	喜欢，觉得实验对提高认知很有帮助	68	72
你对学习过的实验的掌握情况是？	大部分实验都能掌握	22	40
你觉得改进后的复习课能否快速有效提高成绩？	非常有帮助，提高很快	43	62

由表4-5可见，采用新的教学方法，能刺激学生的学习积极性，使学生逐步喜欢上物理，体验到学习的乐趣和成就感。

七、研究成果

（一）初中物理实验教学有效性的评价标准

要考察初中物理实验教学的有效性，必须先制定教学有效性的标准。我们将实验教学活动按时间的先后顺序分为实验准备阶段、实验过程阶段和实验结果阶段，每个阶段分别有以下几个维度，以衡量一节实验教学课的有效性（见图4-2）。

实验 准备	• 探究目的明确 • 实验探究方案清晰（自己提出，与同学讨论提出，教师提供） • 对实验进行了充分的准备，对实验中可能出现的问题进行分析
实验 过程	• 实验操作有效（实验操作规范，能顺利完成实验) • 实验记录有效（表格设计合理，正确记录数据） • 遇到疑惑问题时的做法（自己思考并设法解决或小组讨论，或向老师请教） • 对待他人的建议能虚心接受
实验 结果	• 能对未能解决的问题进行质疑 • 能思考本次探究的改进及收获，并做记录 • 能采取恰当的方式表达自己的观点 • 能积极参与班级小组的讨论和交流

图4-2　实验教学活动阶段

（二）实验教学导学案的编写原则和基本组成

1. 编写原则

通过理论学习和实际研究，我们确定出实验教学导学案的编写原则是：导学案要体现学生的主体性——要突出学生学的内容，达到"教是为了不教"的目的；课时化——每课时一个导学案，控制学习总量，提高学习效益；问题化——将知识转变为探索性的问题点和能力点，培养学生的探究精神；层次性——导学案要有梯度，引导学生由浅入深、层层深入地理解教材，同时能满足不同层次学生的需要；发展性——要考虑到问题与问题之间的关联和拓展，通过变式训练，使学生的思维逐步深入。

2. 基本组成

导学案由学习目标、导学方法、课前导学、课堂导学、交流展示、拓展提升、课后反思七个部分组成。学习目标要定位准确，不能用"了解""掌握"等模糊表述，而应该用"能记住""能说出""会运用""解决……问题"等可检测的明确表述。常见的导学方法有"控制变量法""转化法"等，此外还有学生普遍应用的学习方法，如"实验观察""交流谈论"等。课前导学是学生在课前边预习边思考时产生的问题，带着问题进入课堂就会做到心中有数，有利于培养学习新课的兴趣。课堂导学主要是教师讲解，该过程以学生自我消化为主，教师引导为辅，努力实现放手让学生主动探究学习。交流展示这一板块是给学生本堂课的学习提供查漏纠错的平台，以基础的练习为主，反馈学习效果。拓展提升内容比前一部分的练习更深一层，让学有余力的学生去思考，以便"培优"。课后反思环节供学生填写课堂学习中存在的问题和感悟，提升思维。

（三）培养学生实验探究能力，优化实验教学

1972 年联合国教科文组织总干事埃德加·富尔在其所著的《学会生存——教育世界的今天和明天》一书中指出，未来的文盲不再是那些不识字的人，而是那些不会学习的人。真正的学习应该从发现问题开始。教学中要培养学生的"自主学习"的能力，首先要培养学生"自主"提问能力，使学生学会思考、学会学习。

1. 重视实验的作用，教会学生通过实验来解决问题

物理概念、物理规律这类知识属于陈述性知识，方法和思路则为程序性知识。程序性知识具有较高的概括性和广泛的适应性，对其的掌握水平，取决于能否将它自觉地迁移到新的情境。我们通常说的"要学会学习的方法"就是程序性知识，它很难仅靠讲述来掌握。科学方法和正确思路的建立，要经过一定的过程才能实现。物理实验的过程旨在帮助学生学习程序性知识，优化物理课堂教学。[①]

在物理课程中，每个概念的形成，每条定律的发现，无不依赖坚实的实验基础；同时实验又为物理学的发展起到巨大的推动作用，可以说离开了物理实验，就没有物理学的发展。完成一个实验，是对学生的能力、心理、意志品质的全面锻炼，在完成实验和解决问题的过程中取得的实践经验和亲身体会，包

---

① 饶黄云. 浅谈物理实验与实验教学的重要作用 [J]. 抚州师专学报，2000（2）：29 – 32.

括克服困难、交流合作、预测实验结果、检验信息的科学性、反思和评价、总结和分析，都有利于培养学生正确的物质观、时空观、宇宙观和崇尚科学、崇尚理性、追求真理的辩证唯物主义世界观。

（1）变演示实验为分组实验，培养学生动手操作能力。学生在提出问题后应寻找解决问题的方法，物理实验就是解决问题的好办法，课堂教学的优化应从实验着手，变演示实验为分组实验，让学生设计简单的实验方案，从实验中验证猜想，求得真理。例如，可以让学生设计实验，研究质量相同、大小不同的物体在空气中下落的情况。教师的常规做法是演示。在实验教学的做法中，可让学生取两张大小相同的纸张，一张揉成团、一张展开，从相同高度让其下落，比较运动情况，用语言描述运动情况。又如，探究加速度与物体质量、物体受力的关系，常规的做法是先讲授牛顿第二定律再进行验证。在实验教学的做法中，教师应把验证环节交由学生来完成，通过实验研究出加速度与力、质量的关系。

通过把演示实验变成分组实验来让学生完成，能让学生改掉依赖教师的习惯，使学生既动脑又动手。分组实验可能会出现与实验结论不一致的情况，这些不一致将成为学生探索科学真理的驱动力，通过多次重做，当实验结果与结论一致时，才能消除疑点，锻炼学生的意志。

（2）设计实验可培养学生创新思维能力。独立将测量、验证实验设计成新的实验，对中学生来说，确实困难。因此，教师可从两个角度给予启发：一是将各种不同实验原理的器材分套，引导学生由分套的实验器材出发，依据相应的原理，设计相应的实验方法；二是提供各种不同的实验方法的原理，引导学生从实验原理出发，选择相应的器材，设计相应的实验方法。

例如，将"测定值电阻的阻值"改为如下设计性实验：

有五种不同的测量电阻实验的分套器材，请根据各套器材设计不同的实验，比较哪种方法测得的实验值更准确，并分析原因。共用器材：待测电阻R，电源、开关、滑动变阻器各一个，导线若干条。

第一组，电压表、安培表各一个，共用器材。

第二组，电压表两个，电阻箱一个，共用器材。

第三组，电流表两个，电阻箱一个，共用器材。

第四组，电压表一个，电阻箱一个，共用器材。

第五组，电流表一个，电阻箱一个，共用器材。

学生通过设计实验电路图，并动手实验，测出电阻的大小。同时，教师提供不同的器材，帮助学生降低设计的难度，学生的迁移能力也在设计实验中得到锻炼。

2. 对《课标》规定的必做实验形成教学标准

目前我们的"磨课"内容主要是针对教学设计，力求形成每个实验的教学标准，我们探讨每个实验应该着重落实的探究要素，对每一个探究要素进行分解，设计出相应的问题来展开教学。具体问题引导的课堂教学和经过细化的实验操作过程，有利于教师把握教学重难点，培养学生形成具体问题具体分析的习惯，帮助学生在层层深入分析，把握住实验的原理、步骤、数据分析和结论描述。同时，我们对实验制定具体的评价标准，一部分是操作评价，另一部分是题目巩固，编写这两部分内容有利于教师掌握学生的实验学习的具体情况，避免出题时陷入偏题、怪题的圈子。以下，以实验"探究光的反射规律"说明操作标准和评价标准应如何制定。

案例："探究光的反射规律"的操作标准和评价标准

【课标要求】

探究并了解光的反射定律。通过实验，了解光的折射现象及其特点。主要落实"进行实验与搜集证据"和"分析与论证"环节。

【操作和评价要点】

(1) 通过实验探究认识光反射的规律，了解法线、入射角和反射角的含义。

(2) 通过身边的事例和实验现象，能区分什么是镜面反射，什么是漫反射。

【实验操作标准】

(1) 探究三线共面：组装器材，将白色光屏垂直放在平面镜上，激光紧贴一边木板入射，旋转另一边，观察反射光线。

(2) 探究两线分居：从不同方向入射，观察反射光线、入射光线、法线的位置。

(3) 探究两角相等：能画出记录数据的表格，能读出反射角和入射角。

(4) 改变数据，探究两角相等：从不同方向入射，记录反射角、入射角；改变入射角，重复步骤③两次。

(5) 得出实验结论：光的反射规律；整理器材。

【实验评价标准】

操作评价共 100 分。

（1）探究三线共面（20 分）：不会组装器材扣 10 分，不能紧贴木板使光线射入扣 10 分，不能旋转木板找反射光线扣 10 分（扣完为止）。

（2）探究反射光线和入射光线分居法线两侧（10 分）：不能从不同方向使光线入射扣 10 分。

（3）探究两角相等（30 分）：不能画表格扣 10 分，读错或记错反射角扣 10 分，读错或记错入射角扣 10 分。

（4）改变数据，探究两角相等（20 分）：记错数据扣 10 分，不能重复两次扣 10 分。

（5）得出实验结论，整理器材（20 分）：没有得出实验结论扣 10 分，没有整理器材扣 10 分。

【纸笔测试评价】

例：在探究光的反射定律实验中，如图（a）所示，平面镜 M 平放在平板上，E、F 是两个粘起来的硬纸板，可绕垂直于镜面的接缝 ON 转动。

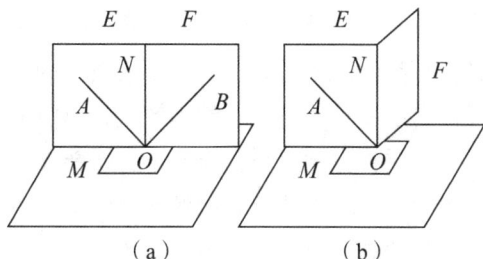

实验次序	入射角	反射角
1	30°	30°
2		45°
3	60°	60°

（a）　　　（b）

（1）如图（b）所示，把半面纸板 F 向前或向后折，_____（选填"能"或"不能"）看到反射光线，说明反射光线与入射光线及法线 ON 在_____。

（2）在探究过程中，小明得到了上表所示的数据：小明在实验过程中漏记了一个数据，这个数据是_____。

（3）如果让光线逆着 OB 的方向射向镜面，会发现反射光线沿着 OA 方向射出，这表明：_____。

（4）分析上述实验现象及数据，你得到的结论是：

_____。

八、研究成效

（一）提高学生的学习成绩

我们将该实验课模式通过公开课的方式推广至全区，对必做实验进行"磨课"，得到良好反响，经推广，学案教学已成为龙湖区公开课的常规模式，也成为多数学校的课堂教学常规模式。龙湖区的许多中学也因此受益，中考成绩不断提升。

（二）学生更乐学，学习更主动，学习效果更有成效

调查结果表明：大多数学生对学案辅助实验教学持欢迎态度，认为导学案能起到引导的作用；更多的学生学习积极性被调动；经引导，学生能够养成主动学习的习惯（包括自主预习、自主设计实验、记录实验并巩固学习效果）；对比传统教学，用学案辅助实验教学学习效果更好。

（三）提高教师教学能力

应用新模式进行教学以来，更多的教师提升了教学专业素养，提高了对教育的认识，树立了敬业爱岗的风尚。师生的关系更和谐，教师用发展的眼光来看学生，学会欣赏学生，为学生提供自由思想的空间。教师的教科研能力得到提升，更新教育观念，制订研究计划，进行专题研究，提高了科研能力。教师的教学能力得到提高，课题的实施使教师更积极地投入课题研究活动。教师积极参加各级各类的公开课评比活动，实践教学改革，成为业务骨干。

第二节　初中物理实验操作考试评价研究

2015—2016 年汕头市龙湖区教育局教研室和龙湖区蓬鸥中学参与了"广东省中学理科实验操作考试评价研究"（下称"考研"），完成了省初中物理操作考试课题的试点任务，在开展的过程中，结合蓬鸥中学实际情况，经过 3 次组织学生进行实验操作考试，组织龙湖区骨干教师，区、市物理教研员进行多次研讨，完成了该课题的研究，现对考试组织情况总结如下：

一、研究过程

（一）考试组织形式的调整

1．第一次考试

试室设计如图 4-3：

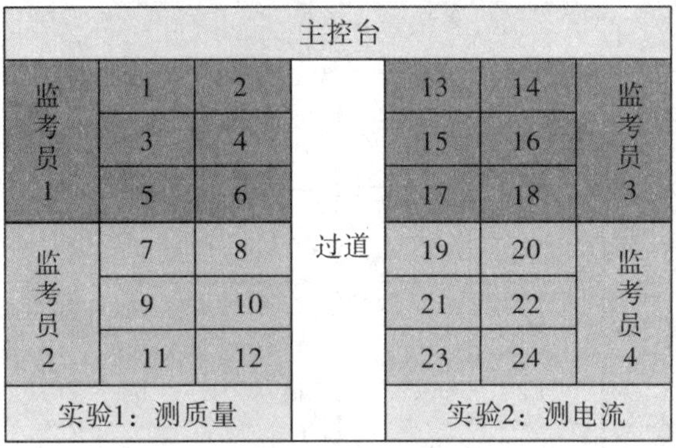

主控台						
监考员1	1	2	过道	13	14	监考员3
	3	4		15	16	
	5	6		17	18	
监考员2	7	8		19	20	监考员4
	9	10		21	22	
	11	12		23	24	
实验1：测质量				实验2：测电流		

图 4-3　试室设计

试室共 4 名监考员，每位监考员监考 6 名考生，只能从实验桌中穿行，监考员来回走动，既忙碌又影响考生考试。监考员也反映 6 名考生过多，操作细节看不过来。此外，试室没有装摄像头。

2．第二次考试

调整后，第二次试室设计如图 4-4：

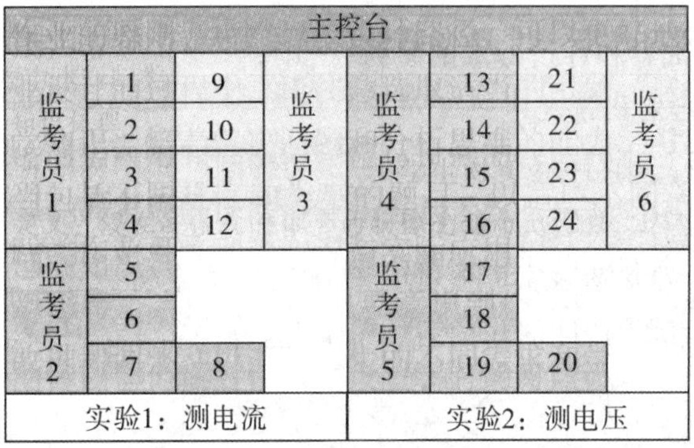

主控台								
监考员1	1	9	监考员3	监考员4	13	21	监考员6	
	2	10			14	22		
	3	11			15	23		
	4	12			16	24		
监考员2	5			监考员5	17			
	6				18			
	7	8			19	20		
实验1：测电流				实验2：测电压				

图 4-4　调整后试室设计

　　试室共 6 名监考员，每位监考员监考 4 名考生，监考员站在实验桌边的过道上，只需前后走动就能看到考生操作情况，但要看完 4 名考生操作细节，监考员仍觉得"看"不过来。我们认为，实操考试重在考操作，学生的操作是否规范应是考查重点。同时，我们请硬件设备公司安装摄像头。

　　3. 第三次考试

　　最终试室设计如图 4 - 5：

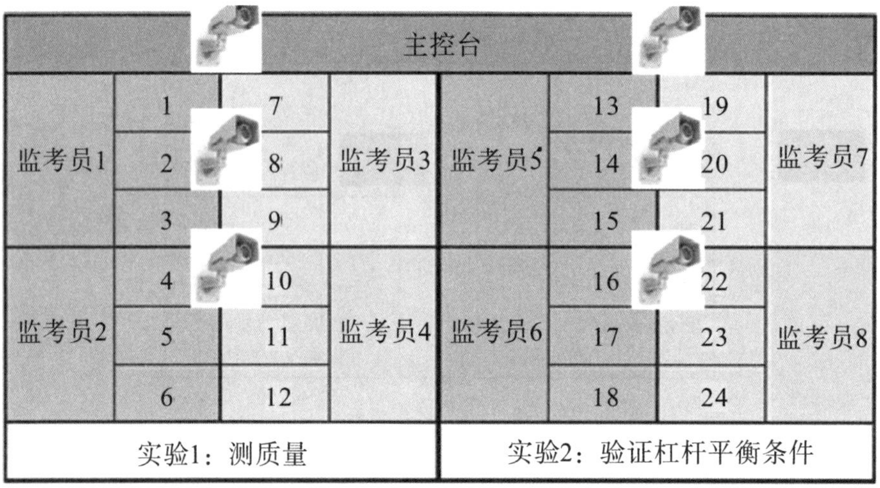

主控台						
监考员1	1	7	监考员3	监考员5	13	19	监考员7
	2	8			14	20	
	3	9			15	21	
监考员2	4	10	监考员4	监考员6	16	22	监考员8
	5	11			17	23	
	6	12			18	24	
实验1：测质量				实验2：验证杠杆平衡条件			

图 4 - 5　最终试室设计

　　试室共 8 名监考员，每位监考员监考 3 名考生，监考员站在实验桌边的过道上，每只摄像头能拍摄到 4 名考生的情况，放大拍摄影像后，基本能看清考生操作细节，但看不清读数情况（和仪表摆放的角度有关）。

（二）考试试卷和评价标准的研讨

　　1. 研讨前后对比情况

　　每次实验后，我们会对考试流程、试卷编制、操作标准和给分情况进行研讨。研讨的过程中，教研员、区中心组老师和课题组的教师共同参与，字斟句酌，精细研判，为龙湖区实验规范化教学提供了宝贵意见。以下以"探究杠杆平衡条件"为例，说明研讨前后调整情况。

（1）研讨前。

"探究杠杆的平衡条件"试卷

班级_____ 姓名_____ 抽签号_____

顺序	操作内容	分值
1	检查器材是否齐全，完好；安装调节杠杆平衡	1分
2	完成第一次实验： （1）在杠杆左边挂2个钩码，右边挂1个钩码； （2）移动一边钩码的位置，使杠杆平衡； （3）记录数据： 动力 F_1：_____N 动力臂 L_1：_____ 阻力 F_2：_____N 阻力臂 L_2：_____	4分
3	完成第二次实验： （1）在杠杆左边挂1个钩码，右边增加1个钩码； （2）移动一边钩码的位置，使杠杆平衡； （3）记录数据： 动力 F_3：_____N 动力臂 L_3：_____ 阻力 F_4：_____N 阻力臂 L_4：_____	4分
4	整理器材，恢复到实验前状态	1分
合计		10分

"探究杠杆的平衡条件"评分标准

1. 实验目标与要求

探究并理解杠杆平衡的条件，培养实验操作能力。

2. 考试内容

实验器材：杠杆、钩码。

实验步骤	操作要求及评分标准	分值
1. 检查器材；安装调节	检查仪器是否齐全，完好；安装调节杠杆平衡	1分

（续上表）

实验步骤	操作要求及评分标准	分值
2. 完成第一次实验，记录数据	在杠杆两边按要求挂上钩码，没有按照试卷要求的数量则不给分	1分
	移动一边钩码的位置，使杠杆平衡	1分
	记录动力和动力臂数据（1分）、阻力和阻力臂数据（1分）。如果杠杆是平衡的，但是没有在水平位置平衡，动力、阻力如果读数正确则给分，但力臂的分数则扣除。四个数据中，如果没写单位或单位写错，不管没写或写错几个都只扣1分	2分
3. 完成第二次实验，记录数据	在杠杆两边按要求挂上钩码	1分
	移动一边钩码位置，使杠杆平衡	1分
	记录动力和动力臂数据（1分）、阻力和阻力臂数据（1分）。如果杠杆是平衡的，但是没有在水平位置平衡，动力、阻力如果读数正确则给分，但力臂的分数则扣除。四个数据中，如果没写单位或单位写错，不管没写或写错几个都只扣1分	2分
4. 整理器材	整理器材，恢复到实验前状态	1分
合计		10分

补充说明：考试前监考老师应该将杠杆两端的挂环移动到两端边缘处。

（2）研讨过程。

关于试卷，教师认为：

①实验步骤1中，仪器是否齐全，应该在考前由主监考人员和学生共同确认，不必作为一项考查内容单独列出；"安装调节杠杆平衡"应修改为"安装调节杠杆在水平位置平衡"，杠杆倾斜静止或匀速转动也是一种平衡状态，"调水平"是为了能直接在杠杆上的刻度尺中读数出力臂，显然，原卷不够严谨。

②实验步骤2、3中"移动一边钩码的位置"，太过绝对化，只要学生能使杠杆平衡就是有效操作，规定"移动一边"反而自设障碍。

③钩码上有标识，每个钩码质量是50g，杠杆上的刻度尺单位是cm，在试卷上设置的读数单位却是N和m，不设置单位能降低难度。

④关于是否描述出实验结论，教师认为纸笔考试也能考查出学生这一能

力，不必再通过操作考试重复考查。

关于评分标准，教师讨论后认为：

①实验步骤 1 中，应修改为"安装调节杠杆在水平位置平衡"。

②步骤 2、3 中，去掉"一边"。

③增加"每一步骤单位错误，均扣 1 分，两个步骤最多扣 2 分"字样。

（3）研讨修改后。

"探究杠杆的平衡条件"试卷

班级_____ 姓名_____ 抽签号_____

顺序	操作内容	分值
1	检查器材，安装调节杠杆在水平位置平衡	1 分
2	完成第一次实验： （1）在杠杆左边挂 2 个钩码，右边挂 1 个钩码； （2）移动钩码的位置，使杠杆平衡； （3）记录数据： 动力 F_1：_____　动力臂 L_1：_____ 阻力 F_2：_____　阻力臂 L_2：_____	4 分
3	完成第二次实验： （1）在杠杆左边挂 1 个钩码，右边增加 1 个钩码； （2）移动钩码的位置，使杠杆平衡； （3）记录数据： 动力 F_3：_____　动力臂 L_3：_____ 阻力 F_4：_____　阻力臂 L_4：_____	4 分
4	整理器材，恢复到实验前状态	1 分
合计		10 分

"探究杠杆的平衡条件"评分标准

1. 实验目标与要求

探究并理解杠杆平衡的条件，培养实验操作能力。

2. 考试内容

实验器材：杠杆、钩码。

实验步骤	操作要求及评分标准	分值
1. 检查器材；安装调节	安装调节杠杆在水平位置平衡	1分
2. 完成第一次实验，记录数据	在杠杆两边按要求挂上钩码，没有按照试卷要求的数量则不给分	1分
	移动钩码的位置，使杠杆平衡	1分
	记录动力和动力臂数据（1分）、阻力和阻力臂数据（1分）。如果杠杆是平衡的，但是没有在水平位置平衡，动力、阻力如果读数正确则给分，但力臂的分数则扣除。四个数据中，如果没写单位或单位写错，不管没写或写错几个都只扣1分	2分
3. 完成第二次实验，记录数据	在杠杆两边按要求挂上钩码	1分
	移动钩码的位置，使杠杆平衡	1分
	记录动力和动力臂数据（1分）、阻力和阻力臂数据（1分）。如果杠杆是平衡的，但是没有在水平位置平衡，动力、阻力如果读数正确则给分，但力臂的分数则扣除。四个数据中，如果没写单位或单位写错，不管没写或写错几个都只扣1分	2分
4. 整理器材	整理器材，恢复到实验前状态	1分
合计		10分

补充说明：考试前监考老师应该将杠杆两端的挂环移动到两端边缘处。

（三）考试成绩分析

三次考试，共4个实验，每个实验平均分如下：

表4-6　实验平均分统计

成绩	用天平测量质量	用电压表测电压	用电流表测电流	探究杠杆的平衡条件
第一次平均分	8.40	5.36	7.14	
第二次平均分	8.54	8.17	8.18	
第三次平均分	7.58			6.43
三次合计	8.17	6.77	7.66	6.43

如表 4-6 所示，从平均分来看，总共四个实验，平均得分值在 6.43～8.06 之间，每一个实验的得分都能够达到及格线，平均得分最高的实验是"用天平测量质量"，平均得分最低的是"探究杠杆的平衡条件"。

此外，数据表明，测量性实验的平均分明显高于探究性实验。我们认为，实操考试要在全省推开，必须保证公平性，两个实验的难度预设要相近，所以，调整探究性实验的预设难度，根据难度编写好试题是重中之重。

实验分值人数及对应的百分比如表 4-7 所示：

表 4-7　实验得分情况统计

所得分值	用天平测量质量		用电压表测电压		用电流表测电流		探究杠杆的平衡条件	
	人数	百分比/%	人数	百分比/%	人数	百分比/%	人数	百分比/%
0	0	0.0	0	0.0	0	0.0	0	0.0
1	0	0.0	1	4.3	1	3.2	0	0.0
2	0	0.0	2	8.7	1	3.2	1	4.8
3	1	1.9	1	4.3	0	0.0	2	9.5
4	2	3.8	1	4.3	2	6.5	0	0.0
5	3	5.8	3	13.0	1	3.2	4	19.0
6	3	5.8	0	0.0	3	9.7	7	33.3
7	5	9.6	2	8.7	4	12.9	0	0.0
8	13	25.0	5	21.7	4	12.9	1	4.8
9	14	26.9	4	17.4	5	16.1	3	14.3
10	11	21.2	4	17.4	10	32.3	3	14.3
合计	52		23		31		21	

表4-7用柱形图表示为:

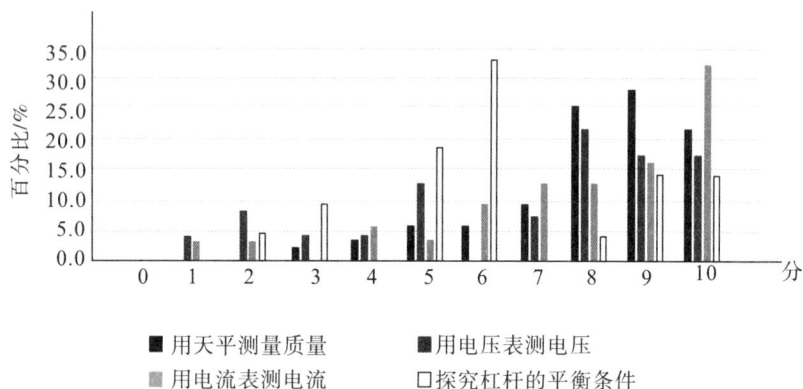

图4-6　各分数段人数占比

图4-6表明,全卷10分,得6~10分的学生占大多数,学生得分情况较好。

二、研究结论

(一) 试题内容的命制与选择

考试内容从初中物理实验操作20个必做实验中挑选,但考虑到20个必做实验操作的所需时间长短和难易程度不同,不可能全部作为操作考试的考虑范围。按照测量性实验(包括直接测量实验和间接测量实验)和探究性实验,我们对20个实验分类如表4-8所示:

表4-8　必做实验分类①

测量性实验		探究性实验
直接测量实验	间接测量实验	
1. 用刻度尺测量长度、用表测量时间 2. 用弹簧测力计测量力	7. 测量物体运动的速度 9. 测量固体和液体的密度	10. 探究浮力大小与哪些因素有关 11. 探究杠杆的平衡条件 12. 探究水沸腾时温度变化的特点 13. 探究光的反射定律

———————

① 此表所列的为《义务教育课程标准(2011年版)》中的20个必做实验。

（续上表）

测量性实验		探究性实验
直接测量实验	间接测量实验	
3. 用天平测量物体的质量 4. 用常见温度计测量温度 5. 用电流表测量电流 6. 用电压表测量电压 8. 测量水平运动物体所受的滑动摩擦力	20. 测量小灯泡的电功率	14. 探究平面镜成像时像与物的关系 15. 探究凸透镜成像的规律 17. 探究电流与电压、电阻的关系 18. 探究通电螺线管外部磁场的方向 19. 探究导体在磁场中运动时产生感应电流的条件

注：另有16. 连接简单的串联电路和并联电路，因不属于测量性实验或探究性实验，未列入表。

　　探究性实验相比测量性实验难度大、耗时长，而实验操作考试时间又在20分钟以内，所以主要考虑以测量性实验作为考试内容。

　　间接测量实验需要测量多组不同物理量，并进行计算，难度相对大一些，时间相对较长，剩下的7个直接测量实验难度适中，更重要的是不同实验间的难度差距不大，作为考试试题比较合适。

　　基于以上考虑，比较适合设置为考试内容的实验如下：

1. 用刻度尺测量长度、用表测量时间

2. 用弹簧测力计测量力

3. 用天平测量物体的质量

4. 用常见温度计测量温度

5. 用电流表测量电流

6. 用电压表测量电压

8. 测量水平运动物体所受的滑动摩擦力

13. 探究光的反射定律

16. 连接简单的串联电路和并联电路

　　注：其中加上了一个难度不大的探究性实验"探究光的反射定律"和电路连接实验"连接简单的串联电路和并联电路"。

（二）试卷、评分标准的制定

1. 测量性实验的操作

以"用天平测量物体的质量"这个实验为例，该实验的试卷和评分标准如下：

"用天平测量物体的质量"实验评分标准

顺序	操作内容	满分（10分）
1	检查器材	1分
2	调节天平平衡	2分
3	把待测物体和砝码分别放入天平托盘	2分
4	测量并记录数据： 所测的橡皮质量为：_____	4分
5	整理器材，恢复到实验前状态	1分
合计		10分

试卷内容的命制相对比较简单，但每一步的操作内容要求清晰无误，每一步的分值在试卷中有所体现。另外要特别注意的是测量性实验的测量结果不应赋过多的分数，以该实验为例，虽然第4步分值为4分，但并不只是测量结果的分数。参考最终的评分标准可以得知具体操作占2分，读数中的数值和单位各占1分。我们建议最终的测量结果在分值设置上不超过2分。

评分标准要求经过充分讨论，考虑到可能出现的每一种操作的情况，哪些情况得分，哪些情况不得分应在标准中完整呈现出来，因为操作考试不像笔试，不允许在评分的过程中再针对争议情况讨论是否给分。

"用天平测量物体的质量"评分标准

1. 实验目标与要求

会正确使用托盘天平，能够用托盘天平测出物体的质量。

2. 考试内容

实验器材：托盘天平、砝码盒及砝码、橡皮。

实验步骤	操作要求及评分标准	分值
1. 检查器材	检查仪器是否齐全、完好，将托盘天平放在水平台面上	1分
2. 调节天平平衡	把游码移到衡量标尺左端"0"刻度线处	1分
	调节平衡螺母，使指针在分度盘中央刻度线或在分度盘中央刻度线两侧摆动的偏角相等	1分
3. 把待测物体和砝码分别放入天平托盘	把被测物体放在天平的左盘里	1分
	用镊子取砝码，放在右盘里（如果操作过程手碰到砝码，则扣除1分）	1分
4. 测量并记录数据	（1）更换砝码时从大到小	1分
	（2）当更换到最小砝码仍不能使天平平衡时，用镊子移动游码使天平平衡（没用镊子不扣分）	1分
	（3）读取砝码的总质量及游码示数并作记录。若因测量前没有调节天平平衡导致测量结果错误但读数正确则不重复扣分；数值和单位各1分，读数不正确但包含数值、单位给1分，只写单位不给分	2分
5. 整理器材	整理器材，恢复到实验前状态	1分
合计		10分

2. 关于探究性实验的思考

蓬鸥中学考查的四个实验当中特别加入了一个探究性实验——探究杠杆的平衡条件，从最终的成绩来看，这个实验是四个实验中平均得分最低的一个，只有6.43分。某种程度上确实印证了探究性实验难度要大一些。但是不是就说明完全不应该考虑探究性实验呢？答案显然是否定的。我们可以利用某些手段将探究性实验"简化"，具体有：

第一，将探究性实验设置成"验证性"的实验。

第二，只设置数据测量的步骤，不设置分析数据的步骤。这样实际上就把实验变成了"测量性"的实验。"探究杠杆的平衡条件"的操作考试就是这样设置的：试卷中并没有设置数据计算和得出最终结论步骤。

因此，试卷、评分标准的制定应遵循"测量性实验侧重操作规范，探究性实验侧重验证过程"，才能适应大范围的考试。

（三）监考人数设置

在实践的过程中，最开始设定每个监考员监考 6 名考生，到后来改为 4 名考生，最终确定为每个监考员监考 3 名考生，从监考、给分的准确性来说，监考员监考的人数越少越好，但是考虑到时间的限制和监考员总人数有限，在兼顾每一个考生的情况下，每个监考员监考 3 名考生是比较合适的选择。

龙湖区初中学校每个班级都在 50 人以内，每场考试的考生人数定为 24 人，每个班级可以分为两场完成，每场考试时间定为 15 分钟，加上前后衔接，一个班级的考试可以在 40 分钟内完成。

（四）实验操作考试的组织与管理

1. 试室设置

（1）试室设置于三楼物理实验室，配备现行初中物理学生实验所必需的实验器材和药品。

（2）考试设 1 个试室（物理实验室）、1 个备试室（生物显微实验室）。试室设实验台（桌）24 张，单人单桌，按四列六排，单双号各两列布局。给每张实验桌编号，并分别准备与试题相关的实验药品和器材。凡是在考试中需要不断补充或更换的实验药品和器材，应在准备台上存放一定数量备用，试室外设考生物品存放处。

（3）实验操作考试过程实行全程录像，试室配备多个不同角度的高清摄像头，试室安排一名操作人员，对考试过程进行全程监控拍摄，录制的影像资料由教研室保存备查。每个摄像头负责拍摄 4 名考生，摄像头的安装要考虑到角度问题，以使监考员在监考的过程中不要挡到摄像头的拍摄，监控摄像头的分布如图 4 - 7 所示：

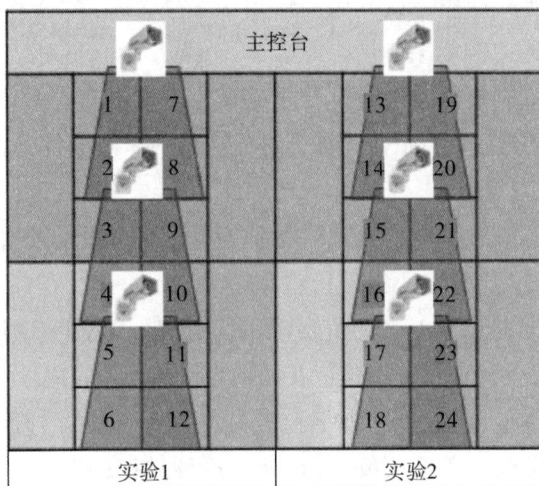

图 4 - 7　试室摄像头分布

2. 人员要求

（1）为确保实验操作考试顺利进行，考场的人员配备如表 4 - 9 所示。

表 4 - 9　考场人员配备

人员类别	人数/人	负责内容
考场主考（行政领导和物理中心组教师各 1 人）	2	维持整个考场的纪律和秩序，对考试过程中的争议进行仲裁。对于考试过程中由于实验器材本身原因导致实验无法进行的情况进行分析，决定是否重考
主监考员	1	宣布考试纪律和要求、要求学生检查实验器材是否齐全、宣布考试开始和结束、考试结束后对试卷和成绩表进行收集装袋
监考员	8	每名监考员负责 3 名考生的考试情况，登分，考试结束后调试仪器
抽签员	1	讲解抽签要求、组织学生进行抽签
抽签联络员	1	负责考生分组抽签的衔接
监控录像员	1	负责考试过程的全程录像并保存录像资料
实验员	1	负责准备、补充、调控试室的实验器材、药品
合计	15	

（2）各班在实验操作考试开始前应组织考生，宣讲本次实验操作考试要求，强调考试规则、考试纪律。

（3）有关处室应根据本次考试要求对试室做出布置，并由专人对本次考试所需实验器材及药品进行清点，如需补充应提前做好准备。

3. 监考教师工作细则

（1）实验操作考试由本校物理科教师担任监考和评分工作，人员由教研室统一调配，分成 3 个监考小组进行监考。

（2）试室安排实验员 1 名，负责准备、补充、调控考试用的实验器材、药品，器材、药品的准备补充工作应在两场考试的间隔完成。

（3）试室安排 8 名监考员，每名监考员负责 3 名考生的监考和评分工作。

（4）进行监考员、考务人员培训。统一布置相关工作人员职责，统一站立位置、评分标准等。试室布置如图 4 - 8 所示。

主控台					电脑显示器（倒计时）		
监考员1	1	7	监考员3	监考员5	13	19	监考员7
	2	8			14	20	
	3	9			15	21	
监考员2	4	10	监考员4	监考员6	16	22	监考员8
	5	11			17	23	
	6	12			18	24	

图 4 - 8　试室布置

4. 考试实施程序

候考室：

（1）考生编组：考试实施前，以班为单位，按考试序号每组 24 人统一编组。

（2）签球准备：准备 24 个乒乓球，每个球依次写上 1 ~ 24 号数字。

（3）黑板上写明每个签球对应的考试实验。

（4）考试抽签：以组为单位进行抽签（一组考生不足 24 人的根据试题情况确定相应编号），考生提前 15 分钟进入备试室后到指定位置坐好不再走动，由抽签员说明签号对应的考试题目后，考前 10 分钟，由抽签员拿着抽签箱到考生座位处开始抽签。抽出的签号在同组内不再重复使用，直到本组全部抽完；每一个考生抽完签马上登记到带有考生信息（包括考生头像、班级、姓名、场次、抽签号等）的考生登记表中，登记完即收回抽签球；已抽签考生，在候考期间不得与已考考生接触。

试室：

（1）布置试室实验桌号与抽签号一致，考前 5 分钟，考生进入试室，按抽签号坐好。

（2）每位监考教师持实验考试试题、评分标准、成绩登记表各一份。

（3）考前 3 分钟，监考教师将每组实验试题分发到相应题号的实验桌上，分发完毕后不得进行调换。

（4）考前 2 分钟，主监考员利用抽签时记录考生登记表，检查考生姓名等是否与登记表相符，考生抽签题号是否与试卷相符，宣布考试要求并要求考生检查试卷中实验所需器材、药品是否齐全，是否与实验桌上所准备的一致，要求考生检查是否填好班级、姓名、考试号。

（5）监考员宣布开始操作，并将考场电脑屏幕上的闹钟定时为 15 分钟。监考员根据考生操作过程按评分标准当面给考生评分，考生按照试卷上的步骤完成实验，每完成一步举手示意，待监考员给定分数确认后再进行下一步操作；评分一律用红色钢笔或红色圆珠笔填写在成绩登记表中，分数填写必须清楚规范。考生操作考试期间，无关教师、学生一律不得进入试室，如出现与器材及药品有关的故障，由考务办公室协助监考员解决，如无法解决或耗费时间过长由领导小组一致确定是否进行重考。

（6）考试结束后，监考员要在试室内对试卷进行整理，清点、核对无误后将试卷整理好，交试卷收发员。

5. 考风考纪要求

（1）考试过程中，禁止无关人员进入试室。

（2）监考员要严格执行考试纪律，如发现考生有违纪行为的，应及时制止，情节严重的，交由考试领导小组处置。

（3）监考员要严格掌握评分标准，一名监考员监考 3 名考生，在考试工作中不得徇私舞弊、弄虚作假，监考员对考生的实验当场评分，评分要客观、公正，不得擅自更改评分标准和分数。

（4）监考员在工作中要自觉遵守考试纪律，严肃认真，忠于职守，不得在试室内做任何与考试无关的事，每场考试期间不得离开试室或中途换人。

（5）考生在规定时间到指定地点候考（进入候试室后不准观看与考试有关的资料和书籍，不得要求教师讲解），按编组进试室后对号入座参加考试。

（6）考生不得携带课本及其他有关资料进入试室，实验时单人单桌，不得交头接耳，左顾右盼，偷看他人实验操作或答案。

（7）考生应听从监考员指挥，考试开始后在规定的地方填写姓名、考试号。考试中考生独立完成实验，如遇实验器材和药品有问题，可举手询问监考员，如提前完成须向监考员报告（但不得离开试室）。考试结束时间一到，考生立即停止实验，离开考场，不得在教室附近逗留、谈笑、议论。

6. 安全工作要求

（1）考试期间应加强安全防护工作，防止在考试期间发生安全事故。考试期间禁止与考试无关的人员进入考场。

（2）在考试进行前应检查试室的通风情况，如果通风条件差，应在考试前适当通风，去除空气中的异味。

（3）要加强在考试中的安全教育工作，对易产生安全隐患的考试实验做重点安全教育，避免考生考试过程中因操作不当而出现安全事故。

三、研究的收获

（一）学生的实验操作能力提高

蓬鸥中学位于汕头市城乡接合部，生源参差不齐。实验考核促使教师更重视实验教学，开设好"必做实验"，提高分组实验课的开设率。学生对物理学科的学习兴趣加强，进实验室做实验时，学生的状态是愉悦的。最重要的是，操作实验提高了学生的动手能力，切实培养了学生的科学素养。

（二）教师改进了教法学法，提升了专业技能

蓬鸥中学所有物理教师参与其中，对"试卷"和"标准"的研讨，提升了教师规范化教学的意识，提升了对教材的理解，进一步刺激教师改进教法，优化物理课堂教学的方式。

四、经验和思考

（一）备考经验

（1）编写实验操作标准分发给学生，让学生复习参考。

（2）考前开放实验室，组织学生到实验室熟悉实验。

（3）在教室后摆设实验器材，让学生利用零碎的课间时间接触实验，能大大提高学生的复习效率。

（二）监控录像经验

不考虑经济因素，摄像头当然是多多益善，理想情况是为每个考生配备一个摄像头。但考虑到现实情况，普及难度较大。另外，龙湖区专家和市、区教研员的研讨也得出结论：不应该夸大监控录像的作用，监控摄像只能起到有限的辅助作用，比如对于学生有没有做某一个步骤存在疑问，可以通过监控录像查证，但也仅限于"有"跟"无"。至于某一个步骤的操作是否规范，在多大程度上规范，则无法也不应该通过监控录像确定。汕头市属于广东省经济不发达地区，全市统一普及实验考试每桌装一个摄像头，不够现实。此外，考虑到广东省其他地区也存在与汕头市相同的情况，摄像头用于监控考试规范性，而不是监控操作评价，更加现实。蓬鸥中学对摄像头的配备安置对广东省实际具有典型性，值得参考。

所以综合考虑各种现实情况，蓬鸥中学每个试室配备 8 个摄像头（包括 6 个固定摄像头和 2 个移动摄像头），每个摄像头负责同时拍摄 4 名考生，这样基本能够达到考查的要求。

另外，我们也在考虑后续增加两个球形广角摄像头。

（三）进行大规模实验操作考试的预设

1. 全区性考试时间、人员预设

目前，龙湖区一共有 23 所初中，学生人数约 5 700 人，约 114 个教学班。若全部安排在一间试室考试，应考 238 组，每 20 分钟一组，每天可考 14 组，17 天才能考完全区；全区初中物理教师约 80 人，若每 8 位教师负责监考 1 天（14 组），平均每位教师约监考 2 天（28 组）才能考完所有学生。时间过长，教师全天监考，显然不合理。所以，必须增加实验考查教室。若一天内考完，必须全区安排 17 间试室（几乎每校一间），由区内统一调配好每个试室 8 名物理教师（共 136 人）才能完成任务，而全区的物理教师只有 80 人左右，任务艰巨，调配困难是很大问题。而且，准备的试题也应该有两套，上、下午各一套，以体现公平性。此外还有考点分散、监控不到位等实际问题有待解决。

2. 经费的投入

（1）器材统一的经费投入。龙湖区通过"广东省教育强区"验收后，龙湖区的中学都配备了物理实验室和相应的器材，但是，不同学校的器材配备型号不同，如我们进行的"探究杠杆的平衡条件"实验，横梁上有塑料套环，操作时必须等距放置再平衡，而有的学校的器材只是两根棉绳套环，质量可忽略。因此进行大范围实操考试，有必要对考试器材做好统一。

（2）实验室规范化投入。若每个实验室配备 8 个摄像头，以及电脑一台、触屏一体机一台，所需经费约 12 万元。全区 17 个学校都配备共需经费 204 万元。

3. 录入成绩预设

可考虑利用信息化终端设备，现场录入成绩数据，成绩一旦录入便上传到市数据库系统中，和纸笔考试成绩一起处理，方便进行数据分析。

五、小结

初中物理实验操作考试，是一场自上而下、关乎学生核心素养培养的"革命"。它将让物理学科的学科特点更加突出，掀起教师进行实验教学的热潮，学生在做实验过程中能够培养实事求是的精神，提高动手动脑能力，发展科学素养。本研究成为汕头市 2020 年中考实验操作考试的参考资源，有利于推进汕头市实验教学的发展。

第五章　数字赋能物理教学研究

第一节　智慧课堂赋能物理教学

　　提升学生学科核心素养，培养学生正确的价值观、完善的品德以及实践能力，提升学生的综合素质是物理教学的目标。《普通高中物理课程标准（2017年版2020年修订)》以"培养学生物理学科核心素养"为核心思想，为学生提供了一份全新的学习蓝图。课程标准是推进基础教育发展的关键。物理学科的核心素养体现在"物理观念""科学思维"和"科学探究""科学态度与责任"四个维度。

　　2012年，时任国务委员刘延东在全国教育信息化工作会议上强调，应当积极推进"三通两平台"建设，即"宽带网络校校通、优质资源班班通、网络学习空间人人通"，以构建一个完善的教育资源供给与管理的公共服务平台。随着科技的飞速发展，信息技术已经彻底改变了传统的课堂教学模式，信息技术与课堂教学已成为一个紧密相连的整体。从计算机多媒体技术在课堂上初步应用到现在电子白板、教学一体机进入课堂，教师的教授方式正在悄悄改变；翻转课堂、微课、自主学习等新方法也在使学生的学习方式发生变革，信息技术正在以我们无法阻挡的态势改变着课堂。目前，汕头市龙湖区已通过教育现代化先进区的评定，各校均配备了教学一体机、学生用终端机和教师用终端机，多数学校配备了智能录播室，具备了构建智慧课堂的硬件条件。怎样有效使用智慧课堂的信息技术手段，进行智慧课堂教学设计，成为教师的新课题。

　　许多学生都认为物理是一门极具挑战性的课程，他们抱怨这门课的教学模式过于死板，缺乏实践性，而且教师也不能满足他们对教学的要求，更不用说培养他们的物理思维了。面对"难学""难教"的困境，智慧课堂教学方法应运而生。这是一种全新的教学方法，它既符合当前的学情，又能够有效地激发学生的学习兴趣，从而为"难学""难教"的教学问题提供有效的解决方案。

　　在物理课堂上，我们可以将课程划分为四个主要类别：初步讲解、复习、练习、实验。其中，初步讲解和复习、练习课上的规则性训练是两个非常重要的部分。在培养学生核心素养的过程中，我们需要采取有效措施，将智慧课堂与各课程相结合，制定出更加有效的教学策略，从而提升学生学习效果，培养学生良好的学习习惯，实现学生全面发展。

一、研究目的

在当今的教育环境中，如何设计物理学科的智慧课堂教学，如何有效地运用智慧课堂教学方法，在让学生获得高质量的知识的同时，也能够充分考虑到他们的个体差异，让他们能够更加自主、灵活地完成任务，从而满足他们的个性化和多样化学习需求，这正是我们要研究的问题。

二、理论依据

（一）分布式认知学习理论

分布式认知涉及多种因素，包括个人、团队、媒体、文化、社会以及时间。这个理论强调了环境、个体、表征媒体和人工制品之间的相互作用，并且认为只有当这些要素彼此依存时，才能够实现认知活动的最终目标。

借助分布式认知学习理论，我们可以超越传统的个人主观思考方法，将智慧课堂设计融入学习环境、工具、交流和整个学习团体当中，从而更好地构建一个充满活力的课堂。课程设计者不仅应该关注学习材料和媒体工具的选择，还应该重视活动和交互的设计。

通过分布式认知学习理论，智慧课堂教学中的新型科技平台工具可以大大拓展师生的智能，激发学生的学习兴趣，提升其学习效率。通过分布式认知学习理论，智慧课堂可以实现教师、学生和多种表征设备、工具和媒体之间的有效交互，从而更好地实现课堂教学目标。首先，通过预习和复习，学生可以发现或回顾新的知识，这是一个内在的交流过程；其次，学生使用电子书包完成学习任务，这是一个内部表达与技术工具相互作用的过程；再次，随着技术的发展，学生的学习轨迹数据可以通过电子书包等智能终端设备传输给教师，从而实现内部表征与外部工具表征之间的有效交互，提高教育效率；最后，教师可以利用教育云平台收集学生的学习记录和云端诊断报告，为他们提供有效的教学指导和教学方案。

（二）建构主义理论

建构主义理论提供了一种新的方法来指导我们建设智慧课堂。建构主义强调，学习不仅仅是一个接收外界信息的过程，更是学生自主构建自己的知识体系，从而获得更多的发展机会的过程。建构主义强调个人主观能动性和创造力，因此教师应该意识到自主学习的重要性。建构主义在物理教学中扮演着重要角色，并且渗透每一个环节。在课堂上，教师应该尽可能多地指导和激励，让学生产生兴趣，让他们成为课堂的核心。在教师的指导下，学生通过自主学习和积极思考，深入理解物理概念和规律。在建构主义的框架下，智慧课堂能更好地关注到个体差异，让学生实行自主探究学习，使教师的角色变成帮助者。建构主义理论认为，学习不仅包括参与社会活动，还包括将所获得的知识和技能融入个人的思维以及学习团队协作的过程。通过智慧课堂，学生可以跨越时空的限制，进行小组合作、互动学习，从而更好地发挥自身的潜能。学生自主学习和合作学习所获得的知识，与教师传授的知识有着本质的不同，其影响力也是显著的。通过上述分析，我们可以发现，建构主义理论为智慧课堂建设提供了重要的理论指导。

（三）情境认知学习理论

通过智慧课堂，我们可以创造出逼真的学习环境。根据情境认知学习理论，学习是在认知行为中发生的，这种认知过程受到情境的影响、指导和支持。个体的心理活动也会受到情境的影响。因此，情境认知学习理论的核心思想是：通过将所学的内容与具体的环境相结合，学生能更好地理解和掌握所处的情境，从而更有效地完成学习任务。为了提升学生对物理的兴趣，我们建议使用智能化的教学方法来创建有趣的学习情境，帮助学生更好地掌握知识。通过智慧课堂教学活动，我们创建了一个充满信息且逼真的物理学习环境，为学生提供了良好的学习体验，从而大大提高了他们对知识的理解和掌握程度。

（四）混合式学习理论

在国际教育领域，学者普遍认为，将传统学习和网络化学习相结合，可以充分发挥两者的优势，从而取得最佳的学习效果。通过网络化学习和传统学习相结合的方式，我们可以创造出一种全新的混合式学习模式。智慧课堂教学模式旨在将传统学习与最新的科技相结合，以更加灵活的方式让教师与学生之间的沟通更加顺畅，从而超越时间、地域的限制，达到更好的效果。

智慧课堂是一种融合了传统学习和现代教育的混合式学习模式，它将教学内容和学习方式紧密结合，以满足学习者的需求，提升学习效率和质量。在这种充满科技气息的环境中，学生们可以利用最新的技术，如智能终端设备、移动互联网、大数据和教育云平台，根据自己的学习情况，制订个性化的学习计划，从而更好地掌握知识。通过利用先进的科学技术，混合式学习模式能够更好地发挥学生的主导作用，为传统学习模式增添新的活力。

三、主要概念的界定

（一）智慧课堂

通过利用先进的大数据、学习分析技术，智慧课堂旨在培养拥有超凡思维、卓越创造力的人才，通过对学生的学习状况的精准诊断、及时的资源推荐、"云＋端"的学习活动及其相关的支持服务，以及对学习过程的全面记录、多维度的智能评估，智慧课堂构建了一种全新的教育模式。

智慧课堂与传统课堂有着显著的不同之处：第一，它的目标更加明确：培养具备高度智能和创造力的人才，让学生拥有批判性思维、交流技巧、协作能力以及创新精神。第二，重新设计课堂教学流程，充分利用教育云。通过利用大数据和学习分析技术，我们可以精准地推送学习资源，为每个学生量身订制学习方案，重塑教学流程，实现个性化教学。第三，通过对整个学习过程的记录，我们可以进行多维度的智能评估。通过智能化的方式收集学生的行为数据，并将过程性评估与最终评估相结合，让评估的主体更加丰富，评估的内容更加多样化，更好地反映学生的学习状态。

显然，智慧课堂利用了大数据、学习分析等先进技术，将学习内容以及相关资料传输到平板电脑或其他软件设备上，以便进行记录、诊断和评估。因此，我们将智慧课堂简单地称为一种 IT 工具。

（二）核心素养视域下的物理教学

《课标》为我们提供了一个全新的视角，它将"培养学生物理学科核心素养"作为基本理念，以更好地满足学生的学习需求。现从"物理观念""科学思维""科学探究""科学态度与责任"四个维度进行教学目标的设计。我们认为，在一节课的学习中，不该面面俱到，而应偏重于某一方面或某几方面的培养目标，针对某一目标，设计出 2～3 个具体问题，再将某一具体问题通过几个任务让学生解决，通过这样的教学方式来达成核心素养的培养。因此，我们通过任务驱动下的教学实践研究，落实学生核心素养的培养和达成。

四、物理智慧课堂教学的实验研究

（一）实验内容

在实验研究中，我们在汕头市某中学分别选取实验班和对照班进行教学实验，对实验班采用智慧课堂教学模式，对对照班仍然采用传统教学模式。实验教学了一个单元的内容，持续了大约 1 个月的时间，实验后，我们进行学习成绩、问卷调查和访谈调查的分析和比对，以对智慧课堂的教学效果进行研究。

在本实验中，我们采用物理智慧课堂教学方法来提高学生对物理知识的理解和掌握能力。具体来说，我们在课堂上设置了多个互动环节，包括学生学习情况拍照上传、习题的答题情况统计、发布微课等多种形式的智慧课堂环节，以激发学生的兴趣和主动性。通过该环节，教师能及时了解学生的学习情况，并合理地做出基于学情的调整，达到提升课堂效率的目的。

（二）实验对象

实验选取了汕头市某中学高二的两个班作为研究对象。在实验前，实验班和对照班相比，成绩相当。高二的学生本身具有一定的自学能力和动手能力，同时，他们也具备一定的计算机操作技能，熟悉学习平板。经过软件和平板的使用培训，实验班学生熟悉了智慧课堂相关软件的使用。

（三）实验过程

在实验过程中，一开始，我们发现学生对于小组合作学习存在抵触心理，在小组讨论、小组分享的环节，只有寥寥几个学生分享或参与。

对此，我们积极调整学习方法，将小组讨论的问题以书写关键词和画图的方式写在学案上，并通过学生平板上传到教师端。通过布置必做任务，增加学生的参与度。在分享环节，教师在教学一体机中点开学生上传的图片，由学生来到讲台上，站在图片前进行分析，增加学生的课堂参与度及创设了学生输出的课堂环节。通过不断地调整师生教学的行为，教师与学生都开始适应智慧课堂教学模式，并逐渐形成了良好的互动氛围。

为了更好地了解学生的学习情况以及对智慧课堂教学的接受程度，我们在每课结束后会开展访谈和问卷调查，在单元教学结束后进行实验班和对照班的考试，了解学生对智慧课堂教学的感受和评价，从而进一步改进教学方式。

（四）实验结果分析

1. 学生成绩分析

在本次实验中，我们对参与该课程的学生进行了成绩分析。实验前，两个班的平均分分别为 56 分和 57 分，而经过一个单元的学习，实验班的单元学习成绩是 63 分，对照班的成绩是 58 分。除去试卷难度的因素，这一变化应主要得益于物理智慧课堂教学方法的应用。

首先，我们在课堂上采用了多种互动方式来吸引学生的注意力。例如，利用观看微课的手段，让学生更好地理解概念；采用小组讨论的方式，并通过上传讨论结果、分享讨论结论等方式，促进学生之间的交流与合作，便捷的技术手段支撑了教师及时发现学生问题，方便了学生展示学习结果；设置问题解决环节，鼓励学生自主探究知识点；应用同屏投影技术，便于及时分析、纠正学生存在的认知误区。这些措施不仅提高了学生的学习参与度，提升了他们的学习动力，也增强了学生对于知识的理解能力。

其次，通过技术手段，我们还拓宽了学生学习的时间和空间，培养学生的实践技能。课前，教师发布预习学案或实践类作业，学生在家里完成并通过学生平板上传给教师，便于教师掌握学情。实践类作业则要求学生拍摄照片或视频，智慧课堂技术为学生展示提供了便利。课后，教师发布习题讲解微课，对学生的学习难点进行指导。

最后，我们通过最新技术进行家校共建，如通过小程序给家长推送学生作业打卡情况，使家长也能了解学生学习情况，形成家校合力。同时，应用智慧教育平台，还能将学生上课情况、作业完成和作业订正情况都记录下来，便于教师对学生学习全过程进行评价。

2. 问卷调查分析

在本次物理智慧课堂实验中，我们使用了一份问卷来收集学生对单元学习的评价和反馈。问卷旨在评估学生们对于该单元的理解程度以及对学习效果的感受。首先，问卷调查的群体是实验班的全班学生。在问卷的设计上，我们采用了一些基本问题，以了解学生对于该教学模式的看法和感受。例如，学生是否认为智慧课堂模式能够提高他们的物理知识水平；他们是否觉得这种方式可以更好地帮助他们在学习过程中掌握相关概念；等等。此外，我们还设计了一些开放性问题，以便于进一步深入地了解学生的想法和建议。经过系统的数据统计与分析，有以下发现：第一，大多数学生都对该教学模式表达了强烈的兴趣，他们认为在智慧课堂的指导下，学习变得更加高效、更加轻松。第二，大部分学生认为这种模式可以让他们更轻松地理解复杂的物理概念；但是仍然希望教师教授关键问题，而不是仅通过学生平板的单向输出形式学习。第三，学生大多认为使用学生平板能有效调动学习的积极性和学习动力。当教师通过平板注意到学生的学习不足时，能即时反馈。第四，技术支持的小组合作学习比传统的小组合作学习更有优势。第五，学生认为微课、同屏技术、拍照反馈等技术能有效支撑智慧课堂的学习。第六，我们也得到了一些关于改进该课程的建议和意见，如答题环节尽量用纸质作业形式，在机器设备上答题不利于书写等。总体而言，学生们都对智慧课堂模式给予了积极的评价。

3. 访谈调查分析

在进行物理智慧课堂教学的过程中，我们进行了一次针对学生和教师的访谈调查。本次访谈共邀请了10名学生和5名教师。通过整理归纳访谈结果，我们可以得到以下结论：

首先，学生们普遍认为物理智慧课堂教学能够提高他们的学习兴趣和积极性。他们表示，这种新的教学模式让他们更加容易理解物理知识，更容易掌握知识点。

其次，教师们也表达了同样的看法，他们认为物理智慧课堂教学模式可以更好地激发学生的学习热情和反映学生的学习情况。此外，教师们还指出，这种新型的智慧课堂教学的铺开，对设备和网络的要求很高，需要投入更多的精力来维护，避免一些技术上的问题是对备课的挑战。

最后，我们发现学生对于物理智慧课堂教学模式的需求主要集中在微课的设计和制作上。因此，在未来的研究中，我们将进一步探索如何优化微课设计以满足学生需求。

五、核心素养导向下的物理智慧课堂的构建方法

智慧课堂是智能化的教学活动场所，是依赖于大数据、学习分析等技术，实施学情诊断分析和资源智能推送，开展"云+端"学习活动与支持服务，进行学习过程记录与多元智能评价的新型课堂。[①]

与传统课堂相比，智慧课堂依托"电子书包"学习终端系统为教学提供了四个方面的技术支持：一是学情的智能诊断。学习平台的智能统计功能能为

① 谢幼如. 智慧课堂教学［EB/OL］. https：//www.icourse163.org/learn/icourse – 1001978001？tid = 1206578204#/learn/content？type = detail&id = 1211361018&cid = 1213973033.

教师分析学生预习情况提供数据，进而为课堂教学提供决策依据。二是资源的智能推送。推送的资源可以是微课、习题、微视频、小程序、数据表格等。三是可视化技术。例如通过平板拍摄学生思维导图并展示，使探究思维可视化；通过手机拍摄学生实验过程并展示，实现实验操作可视化。四是多元智能评价。智慧课堂为课前预习、课中监测及课后作业评价提供了即时、动态的诊断分析和评价信息反馈，为教师随时了解学情、调节教学策略提供了技术支撑。

（一）智慧课堂教学设计原则

一是按需设计原则。每节课的课时是有限的，应根据实际需要，找出教学的重、难点，布置相关的学习任务，运用相关的技术辅助学习。二是关注学情原则。智慧课堂技术的实时数据统计诊断功能、拍照录像同屏技术等技术手段，为帮助我们更好地了解学生的学习情况、思维情况，甚至观察学生实验操作是否规范提供了支持。三是辅助性原则。智慧课堂的软硬件设备支持微课的推送，但微课只是一种辅助教学的手段，教师仍然要进行问题的导入和学习活动的设计，这对教师提出了更高的要求。

（二）物理核心素养的培养策略

《课标》把物理核心素养归纳为四个方面，分别是：物理观念、科学思维、科学探究和科学态度与责任。怎样在物理课堂教学中达成这四个方面的培养目标呢？图5-1是基本的培养策略，在此不详细展开阐述。①

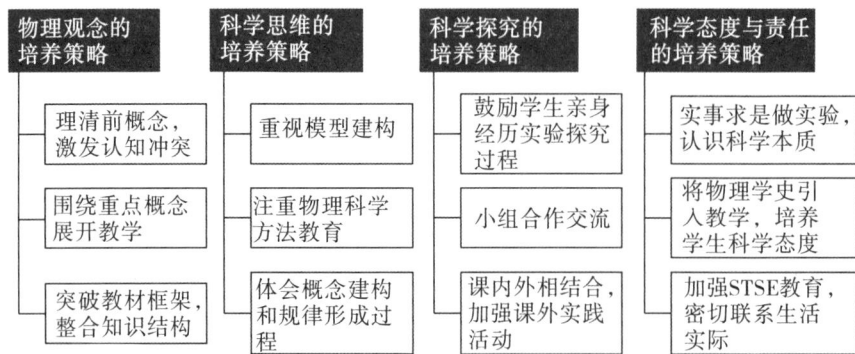

图5-1　物理核心素养培养策略

---

① 刘晓彤. 基于物理核心素养的高中物理教学设计研究［D］. 大连：辽宁师范大学，2018：30-35.

（三）发展物理核心素养的智慧课堂构建方法

物理教学设计的内容主要包括六个方面：教学任务分析、教学对象分析、教学目标设计、教学策略设计、教学媒体设计和教学评价设计。而教学策略是指在物理教学目标确定以后，根据一定的物理教学任务和学生的认知特征、情感特征以及动作特征，有针对性地选择与整合相关的物理教学活动、教学方法以及教学组织形式，并计划和安排好教学时间，形成具有实践意义的实际教学方案。[①]

大道至简，关于构建物理核心素养的智慧课堂，笔者认为不该复杂化，仍需遵循教学的规律来做教学设计。这里用框架图来表现（如图5-2）：首先根据《课标》，对教学任务和教学对象进行分析，确定核心素养四个层面的教学目标和教学重、难点，其次进行教学策略设计，最后在教学的各个阶段加入必要的智慧课堂技术。而物理核心素养的培养策略应作为方法论层面的"大纲"，贯穿教学设计的始终，力求在教学的各个环节落实，以促成核心素养的培养。

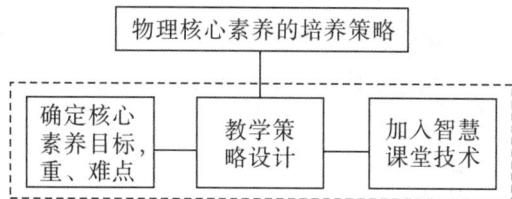

图5-2　构建框架

六、物理智慧课堂教学实践

以下以2010年人教版《物理选修3-1》教材中"探究导体的电阻率"为例，说明如何构建发展核心素养的高中物理智慧课堂。

我们用图5-3来表示这节课的教学设计的层级关系。整个教学设计的过程突出了科学探究和科学思维的培养，建立了物理观念，树立了科学态度与责任观。

---

① 李新乡，张军朋. 物理教学论［M］. 2版. 北京：科学出版社，2009：177-178.

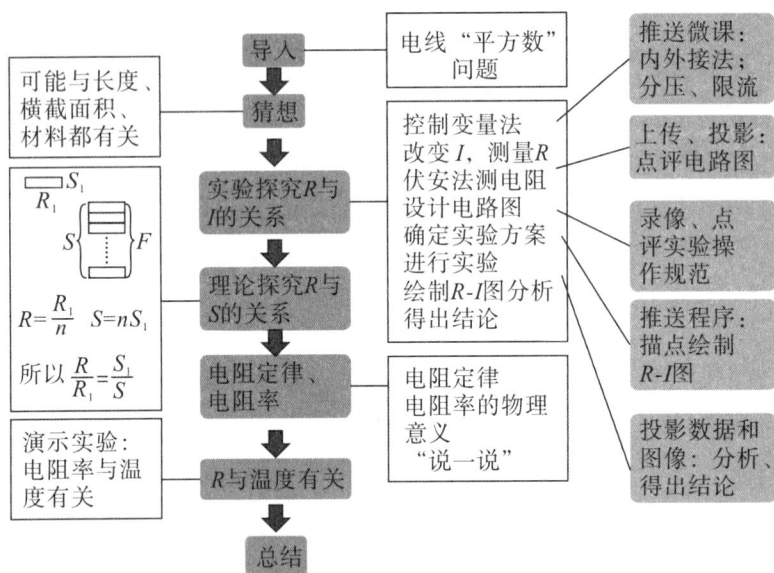

图 5-3 智慧课堂构建框架图

技术改变生活，也改变学习方式。智慧课堂信息技术手段为教学提供了一种新的实践方式。使用智慧课堂的相关技术，教师能更好地进行学情诊断，有更优的途径了解学生学习的困难点并加以解决，更有利于学生物理学科核心素养的培养。

七、研究成效

经过三年的研究、探索和实践，课题实验小组成员通过理论学习、调查研究、案例分析、经验总结、研究反思等，较好地落实了研究方案中的各项研究任务，达到了预期的研究目标。研究成效可总结为以下三方面：

（一）改变了课堂教学的现状

1. 更好地开展分层教学

课堂教学是教育理念的实施场所，怎样设计一节智慧课堂教学课，在做到高效精准教学的同时，关注个体差异，并且教学自由灵活，满足学生个性化、多元化学习需求，是本研究要探讨的问题。利用智慧课堂可以随时推送不同梯度的学习内容供学生选择学习，也可以提供资源供学生重新回顾学习，有利于不同层次的学生进行选择，对更好地开展分层教学有实际意义。

2. 有助于多元评价体系的应用

智慧课堂可以通过"云＋端"学习活动与支持服务，进行学习过程记录与多元智能评价。它能智能记录学生行为数据，将过程性评价和总结性评价结合，使评价主体多元，评价内容多维，全面反映学生学习情况。多元评价体系有助于培养学生的自信，有助于帮助学生制订私人学习方案，对学生学习起到很大的帮扶作用。

（二）提高了教师的专业素养

1. 转变了教师的传统备课观念和行为

我们深刻认识到智慧课堂与高中物理教学融合对学科核心素养培养的重要性，智慧课堂与高中物理教学融合教学活动的开展逐渐成为教师的自觉行为；教师备课不再仅凭教学经验，而是依托大数据、学习分析等技术，收集学生学习过程出现的问题，推送学习资源，并记录、诊断和评价学习的过程，教学设计更具有针对性、时效性，也更个性化。课题组成员陈少彬探索"智慧课堂与高中物理教学融合的课例研究"，在公开课"动量和动量定理"中，利用平板收集学生解决问题中出现的问题，实时解决了学生课程学习中出现的问题，加强了课堂中师生的交互过程。

2. 转变了传统教学观念和行为

课题组成员积极探索智慧课堂与高中物理教学融合的课例，实现传统教学观念和行为的转变，很大程度上提高了物理课堂的教学效率。课题组成员赖汉宜探索"智慧课堂与高中物理教学融合的课例研究"，在汕头市区级公开课"导体的电阻"中，将教材中的逻辑推理实验合理拓展成逻辑推理实验和学生实验相结合，通过平板实时收集学生学习数据，学生通过软件对实验数据进行快速处理，这使得课堂学习更贴近物理学科本质，教与学的效率得到很大的提高。

3. 促进教师专业成长，教师理论素养和实践操作能力得到了加强

课题开展过程中，课题组成员关注阅读教育名家名著、教育科研方法类图书，为开放性实验教学的设计提供了理论基础和设计灵感。在开展智慧课堂与高中物理教学融合的基础上，课题组撰写了一系列教育教学论文，形成了大量课堂案例，一是对所设计智慧课堂与高中物理教学融合的消化吸收，二是对自己日常教学实践的整理反思。课题组成员通过写作把教育实践成果系统化、书面化，促进了个人专业成长。这些论文均在省、市、区各级学术论文评比中获奖。

（三）培养了学生的核心素养

1. 改变学生被动的学习状态，增强其学习物理自信心

学生在"智慧课堂与高中物理教学融合"的学习过程中，通过对多种学习方式的尝试，多能找到适合自己学习的方式、适应的习题难度等，多元评价体系使他们获得了学习物理的自信心；通过教师推送的课外学习资源，体验到物理学习的乐趣，唤醒了对物理学习的渴望与热爱，大大激发了学生继续探究的兴趣，逐渐从对物理学科的不喜欢、被动学习，转变为喜欢物理和主动学习物理，学生因此能更轻松地学习物理，促进了物理核心素养的生成。

2. 提高学生的综合能力

学生在学习过程中，需要通过学习软件进行数据处理、资料下载及提交等，这对学生的自主学习能力、技术能力的培养有很大帮助。个性化的学习计划和过程，有助于学生的思考空间，同时学生在学习过程中需要制作 PPT 课件及视频资料等来展示学习成果，提出自己的观点，还需要独立录制和后期处理视频资料等，整个过程综合培养了学生的多方面能力。

第二节　线上线下混合教学模式

教学模式是在一定的教育思想、教学理论、学习理论的指导下，在一定环境下开展的教学活动进程的稳定结构形式，是开展教学活动的一套方法论体系，是基于一定教学理论而建立起来的较稳定的教学活动的框架和程序。我们研究的线上线下混合教学模式，是在智慧学习环境支持下，针对特定的教学目标，以生为本，通过信息技术与教育教学各环节的深度融合，形成的比较稳定的、具有线上线下两种模式优点的教学结构理论框架，以指导智慧课堂教育教学行为。

一、线上线下混合教学模式

在 2020—2022 年，我们总结出智慧课堂支持的线上线下混合教学模式，并将该模式用于物理全学段的教学中，下面以初中物理课"杠杆"为例，对线上线下混合教学模式的具体应用进行论述。

该模式具体流程如图 5 - 4 所示：

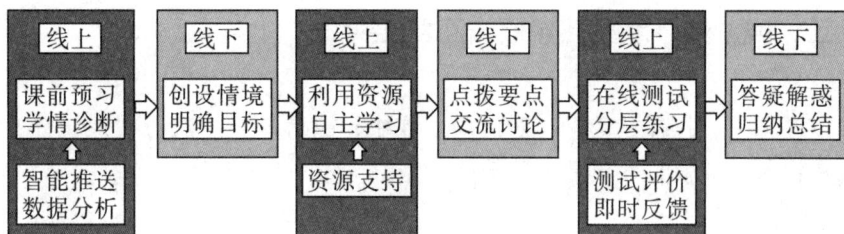

图 5 - 4　线上线下混合教学模式

　　课前教师智能推送在线资源，组织学生开展课前预习，利用平台收集数据进行学情诊断。课中教师创设教学情境，帮助学生明确学习目标，再组织线上活动，指导学生利用在线资源开展自主学习。回归线下，教师点拨知识要点，并通过师生互动、交流讨论促进学生知识内化。之后教师组织在线测试，利用评价工具即时反馈。最后，教师根据评价结果开展针对性的答疑解惑，并对学习内容进行归纳总结。

　　从线上线下混合教学模式中，可以看到教学的空间是从课内延展到课外的。在课堂上的环节有：学情诊断—创设情境—自主学习—点拨要点—在线测试—归纳总结。对以上模式进行教学变式，即有：

　　（1）物理概念课、规律课：学情诊断—创设情境—感知概念（规律）—自主学习—探究概念（规律）—应用概念（规律）—在线测试—归纳总结。

　　（2）实验课：学情诊断—创设情境—实验设计—实验操作—归纳总结。

　　（3）复习课：学情诊断—明确目标—规律怎么来—规律是什么—规律怎么用—归纳总结。复习课主要是以习题唤醒学生的记忆，帮助学生进行合理联想，对知识内容进行结构化建构，最后形成完整的知识框架。习题的挑选，要从复习的内容出发，以规律怎么来、规律是什么、规律怎么用为路径，进行有逻辑、有条理的设计。

　　（4）习题课：学情诊断—明确目标—规律怎么来—规律是什么—规律怎么用—答疑解惑—归纳总结。流程大致与复习课相同，但更重要的是进行解题方法的总结，并归纳形成方法思路。

　　在复习课和习题课的学习过程中，信息技术起到的主要作用是情境的展示、学生客观题即时批改和统计、主观题同屏上传教师点评，以及课后的部分作业的上传。

物理课不同课型均可套用线上线下混合教学模式进行教学。

二、线上线下混合教学模式的教学实践

以概念课"杠杆"为例，对课前、课中、课后的教学进行整体设计，通过信息技术，教学的时空得到了延展，以下是教学设计。

"杠杆"单元教学设计

教学内容	教学活动和问题链	智慧课堂技术
课前线上活动	1. 生活中哪些东西是杠杆？请拍照上传学习空间。 2. 预习教材，制作一个杠杆。	学生拍摄照片并通过学生平板上传学习空间。
1. 课中线下活动 感知概念：展示你找到的或制作的杠杆实例，找出共同点，归纳杠杆定义。 2. 课中线上活动 自主学习微课：画力臂。	活动：学生展示课前制作的投石器、杆秤、投篮机等作品。 问题1：你认为这些作品中哪些是杠杆？ 问题2：它们都有什么共同特点？ 问题3：自主学习，杠杆的五要素是什么？请找出撬棒的五要素 问题4：怎样画力臂？ 自习微课，教师用三角尺演示作图点到线的距离，再让学生一起作图。	教师通过一体机展示学生作业照片，全班同学均得到反馈。 学生将画的力臂图投影到教师端。

（续上表）

教学内容	教学活动和问题链	智慧课堂技术
线下活动：探究杠杆平衡条件	教师活动：演示杠杆平衡，改变物重，平衡消失；移动秤锤，平衡恢复。猜想：影响杠杆平衡的原因是什么？ 学生动手实验，自主学习，在学案填写实验步骤。 问题1：你能从数据中发现什么特点？ 问题2：展示特殊数据，是否意味着 $F_1 + L_1 = F_2 + L_2$？ 问题3：倾斜的杠杆是否平衡？为何实验前要调节杠杆使其处于水平状态？	学生上传实验数据，教师投屏反馈。 教师用虚拟实验室演示并在一体机上展示的实物图上画力和力臂图，并分析。
线下活动：应用规律解决问题：怎样称大象？咸阳宫赋图中如何省力地抬木料？	问题1：称象问题中，你能画出杠杆模型图吗？ 学生画图并计算。 问题2：对照杠杆模型图，你需要做哪些修正？ 问题3：你是否有多种方法让抬木料的人省力？	学生拍照投影答题情况，教师点评。
线下活动： 本节课你学到哪些有用的知识或方法？能用来解决什么问题？	学生回答：杠杆的定义、五要素、杠杆平衡条件、解决了称象问题、解决了怎样省力问题…… 教师总结：除了知识，我们还学习了画力臂的技能，在称象问题中，我们先进行建模，在模型图中标注已知量，用平衡条件解决问题。在具体问题中通过构建模型解决及评估问题是一种很好的思维方法。	教师在教学一体机上以课件或思维导图的形式进行能力和方法的归纳总结。

（续上表）

教学内容	教学活动和问题链	智慧课堂技术
课后线上活动：在线测试本课的学习效果。	教师发布作业并通过学习空间收集自动批改和统计。	学生在学生平板答题做作业。

通过以上案例可见，线上线下混合教学模式拓展了学生学习的时间和空间，对学生课前、课中、课后的学习情况都进行有效监测；而空间也从教室延展到家里，学生终端的使用，学生作品、作业的上传，使学习过程可视化，使学习更加有效。

第三节　利用微课进行物理教学

利用微课进行物理教学有以下几种形式：一是翻转课堂形式；二是将微课用于课堂教学的自主学习；三是课后利用微课进行复习。但翻转课堂的教学成效取决于学生的自觉性，教学效果不一定理想。因此，要想最大地发挥微课效益，应把微课放在课堂教学环节和课后作业、复习环节。学科核心素养是学科育人价值的集中体现，是学生通过学科学习而逐步形成的正确价值观、必备品格和关键能力。① 教学中，要切实将物理学科核心素养的培养贯穿在物理课程的设计和实施中，体现物理课程的育人功能。那么，怎样发挥微课的功能，进行培育核心素养的物理课堂教学？本节将以"探究电磁感应的产生条件"为教学课例，具体展开阐述。

一、课堂教学设计思考

（1）梳理教材中的内容编排和顺序，理解编排的内在逻辑关系，培育科学思维能力。

进行教学设计要理解教材编写顺序的意图，对思维方式和内容逻辑进行整体的理解把握。以"探究电磁感应产生的条件"为例，教材的内容分为三个

———————————

① 中华人民共和国教育部. 普通高中物理课程标准（2017 年版）［S］. 北京：人民教育出版社，2017：4.

部分：实验观察、分析论证、归纳总结。物理概念和规律的认知过程，就是在具体的实验情境中通过观察实验现象，分析实验变量，论证实验结果，归纳总结出结论，这样的编排是符合学生的认知规律和科学思维升级模式的。三个实验也是由浅到深、层层递进的逻辑关系，让"磁感应强度"和"导线围成的面积"这两个物理量呈现变化，进而得出"磁通量变化是感应电流产生的条件"这一结论。教材编写的内容整体布局是有序、稳步推进的。不把握好这一点，讲课的逻辑就会出现问题，难以促进科学思维核心素养的生成。

（2）整体把控课堂节奏，创设问题有序推导物理规律，进而建构学生物理意识。

《课标》指出"通过问题解决促进物理学科核心素养的达成，在解决问题中进一步提高探究能力、增强实践意识、养成科学态度，促进物理学科核心素养的形成"。创设问题，是进行教学设计的基本功，在理解了教材编写的意图后，抽丝剥茧地抽象出变量，从而串起三个实验，使学生的思维在逻辑周密的问题导向下认知规律。本课的三个实验可对应设计的三个问题：①回忆初中知识，当磁场不动，导体怎样运动产生感应电流？②如果导体不动，磁场运动，能产生感应电流吗？③如果磁场和导体都不运动能产生感应电流吗？问题的创设要具有情境性，在创设的具体情境中去引导学生的思维，让学生在问题的引领下认识理解物理概念或规律，进而达到形成物理观念的核心素养目的。

（3）在实验过程中创造新的认知冲突，突出物理规律的建构过程，发展科学探究能力。

发展科学探究能力应做好探究要素的主次设计，而不应该要求学生完成所有的探究要素。一来课时不够；二来学生的能力发展需要分步骤进行，无法一蹴而就。那么怎样设计落实每节课的探究要素呢？笔者认为可以将学生认知的冲突作为切入点，设计探究实验以建构规律。教师先引起认知冲突，以此为线索，方能让学生产生好奇，引导探究的完成。本课例中，当学生做完实验3，发现既无"切割"，也无"相对运动"，产生了认知冲突，重新审视三个实验，从而认知到磁感应强度 B 变化或面积 S 变化了，感应电流才能产生，进而观察到磁感线的条数也发生了变化，加深了对磁通量变化产生感应电流的理解。这个过程是进行实验和分析论证的过程，培育重点是这两个方向的探究素养，不必面面俱到。

二、应用微课进行课堂教学的方法

微课作为一种信息技术手段，对比投影，它最大的优点是能够无限次地重复播放和支持断点播放，也就是说，学生在哪里没弄懂，只要重播就可以了。学生终端学习机的使用使微课得以在课堂教学中应用，有效地支持了学生的课堂自主学习的环节。那么，当有了基本的教学思路框架，应该怎样植入微课呢？

（一）在难点处植入微课

在教学难点处设置微课，有利于学生理解、分析和归纳。例如，本课的难点之一是实验2：线圈不动，磁体运动产生感应电流，分析磁通量的变化是教学的难点。可以制作微课动画视频：给条形磁体画出磁感线，当条形磁铁插入和抽出线圈时，明显看见磁感线也在切割线圈，线圈中磁感线的条数在发生变化，从而归纳出 B 变化 S 不变的条件。动画的动态演示加上清晰的解释，难点得以突破。

（二）辅助性原则

《课标》指出"发展学生物理学科核心素养，离不开信息技术与物理学习的融合。要设计各种学习活动让学生利用信息技术提升物理学习能力"。但信息技术仅仅是辅助教学的手段，不能为了微课而微课，更不能过分依赖微课而轻视教学设计。

（三）应用"学习金字塔"理论的微课教学设计

美国国家训练实验室研究证实，采用不同的学习方式，学习者平均学习效率是完全不同的，这就是著名的"学习金字塔"理论。如图 5 - 5 所示，越靠近塔底的学习方式，学习效率越高。这给我们的启示是，在微课教学环节，应该更多地设计主动学习的学习环节，以提高学生学习的实效。

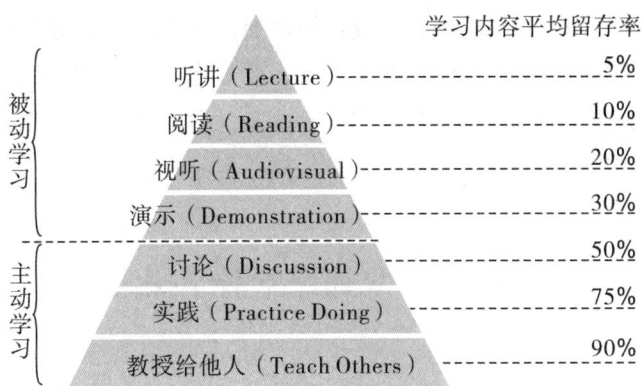

图 5-5 学习金字塔

资料来源：美国国家训练实验室（National Training Laboratories）。

本课的教学片段如下：

"探究电磁感应的产生条件"教学片段

教学内容	教师活动	学生活动	设计意图
实验2：向线圈插入磁铁，把磁铁从线圈中抽出。	投影问题：如果导体不动，磁场运动，能产生感应电流吗？	分组实验：向线圈插入磁铁，把磁铁从线圈中抽出，并在记录表中填写观察到的现象。	学生动手做实验，学习效率达75%。
	问题1：在刚才的实验中，磁感线是否切割了导体？ 问题2：什么物理量发生改变？ 问题3：线圈围成的面积内的磁感线的条数有变化吗？	自主观看微课动画视频；小组讨论问题。	植入微课教学，便于理解教学难点。 小组讨论，参与性强，学习效率50%。
	请同学们上讲台来讲一讲分组讨论的结果。	学生上台分享。	学生传授给他人，学习效率90%。

通过对教材进行逻辑梳理、创设情境冲突，并进行有效提问，以微课方式进行教学难点的教学，引导学生积极思考，注重物理观念的构建，能够使得科学思维和科学探究能力在课堂教学中有效落实，学生的科学态度与责任心定会得到相应的提升，从而真正实现物理学科核心素养的达成。

第四节　双师课堂教学探索

2022 年 10 月 31 日，中央教育工作领导小组秘书组、教育部党组印发《关于教育系统深入学习宣传贯彻党的二十大精神的通知》，该文件指出：要大力促进教育公平；深入推进义务教育优质均衡发展和城乡一体化，持续深入推进"双减"工作；要深入推进教育数字化；大力推进教育新型基础设施建设，构建数据驱动的教育治理新模式，不断健全教育信息化标准规范体系，深化国家智慧教育公共服务平台建设和应用，服务教育教学模式变革与创新。在这样的背景下，国家中小学智慧教育平台推出了九大应用，其中双师课堂就是促进教育均衡发展的一项重要举措。

一、双师课堂

（一）什么是双师课堂

双师课堂是一种线上线下混合教育模式，一位主讲教师通过视频直播自己的讲课，网络另一端的实体课堂里还有一位辅导或助理教师负责在现场为学生答疑解惑、协助教学。国家中小学智慧教育平台根据教材提供了大量的优质教育资源，以精品课的形式收集了一批教师的线上讲课资源。①

（二）双师课堂的优势

课程内容由名师讲授，教学质量好，物理教学精品课内嵌的实验规范，演示实验题材新颖，效果明显，弥补了不同学校教学效果参差不齐的缺陷。观看精品课有利于教师优质备课。

精品课配套的学习任务单和作业优质资源的使用，解决了"任务驱动的

---

① 刘欲承. 建构"双师课堂" 变革教学方式［J］. 中小学校长，2017（11）：59－61.

问题链教学"的难点问题。怎样设计学习任务？怎样设计有效的问题？怎样讲课语言才严谨科学？精品课的学习任务单为我们提供了有效的借鉴。同时，边观看精品课，边完成作业，能使学生学习效率提高。

二、双师课堂教学模式

（一）线上教师主讲模式

一位主讲教师通过视频直播自己的讲课，网络另一端的实体课堂里还有一位辅导或助理教师负责在现场为学生答疑解惑、协助教学等，如图 5 - 6 所示。

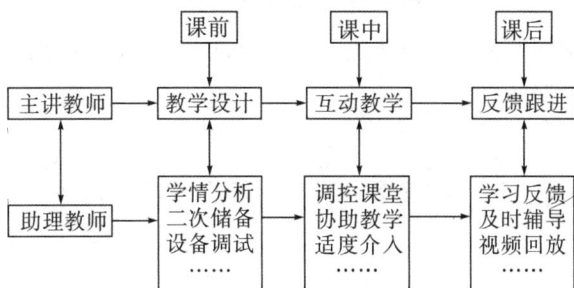

图 5 - 6 线上教师主讲模式

教学流程中可见，线上教师主讲，无互动，教师单向输出、学生单向输入。因此，助理教师应发挥调控课堂、协助教学的作用。这一模式的优点是，适合师资薄弱的学校应用，不要求助理教师的专业水平有多高，只需要能调动现场气氛和维持课堂秩序即可，从而实现了优质资源的共享，促进了教育的公平。

（二）线下教师主讲模式

线下教师主讲，线上教师的授课资源只作为优质的课堂教学资源进行应用，如图 5 - 7 所示。

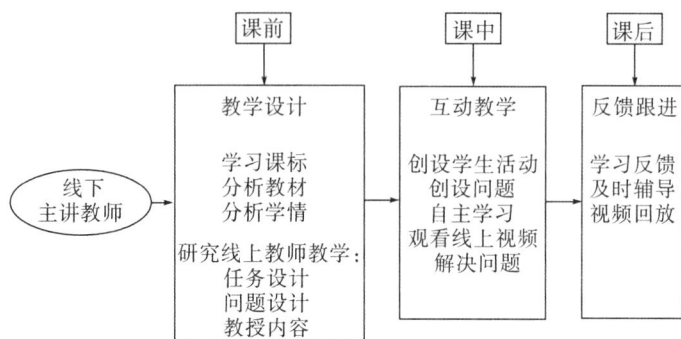

图5-7　线下教师主讲模式

线下教师主讲模式，可以提高授课教师的授课质量。线下教师可学习线上教师对于任务和问题的设置，利用线上教师优质的视频资源支持学生深度学习，有效提高授课效果。

三、案例分析："探究光的反射定律"教学片段

教学内容	教师活动	学生活动	设计意图
三线共面、二线分居	活动一：线上 教师指导：教师让学生观看国家平台教师的课堂片段，初步判断三线同面，学生有了初步的了解再进行论证，掌握知识更有层次。 线上教师通过旋转观察位置，学生可观察到反射光线挡住入射光线和法线的现象，从而验证反射光线、入射光线和法线在同一平面内，同时可得出二线异侧的结论。	学生观看线上教师视频。 学生在线下教师的引导下分析实验现象，初步得出实验结论。	经历实验探究的过程，从现象中发现规律，培养科学探究和科学思维的核心素养。
	活动二：线下 线下教师通过演示向后弯折纸板，学生可观察到在弯折的纸板中没能找到反射光线的现象，说明"三线共面"。	观察线下教师的演示实验，并归纳实验结论。	培养学生的口头表达能力。

（续上表）

教学内容	教师活动	学生活动	设计意图
探究两角相等	活动三：线下 教师指导： 探究：反射角是否等于入射角？ 学生分组实验：教师指导学生初步了解实验流程。 教师巡视引导：对学生的实验操作过程进行指导和点拨。 指导学生：实验出现的问题——反射角与入射角有点差异的原因。 交流与合作：讨论实验要注意的地方。	学生分组实验，记录实验现象和数据。 学生小组合作分享。	培养学生科学探究的核心素养。

案例分析："探究光的反射定律"是线上线下活动交替进行的，国家中小学智慧教育平台上对于"三线共面"的教学演示实验操作清晰有条理，实验效果明显，教师加以有效利用，能帮助学生初步理解。教师再通过线下的演示实验，让学生从另一个角度来观察，丰富学生的感性体验，使学生更清晰地获得实验的结论。而对于"两角相等"，教师组织学生进行分组实验，通过让学生实际测量，探索角度的数值关系，展示表格数据，分析实验数据，得出结论，从而实现了科学探究中的实验分析论证的核心素养落地。

综上，双师课堂教学作为一种创新的教学模式，能够充分发挥线上线下两位教师的优势，实现教学资源的优化配置。主讲教师可以专注于知识传授和讲解，而辅助教师则能够提供更多的个性化指导和支持，帮助学生消化和巩固所学知识。这有效地提高了教学质量和效果。同时，双师课堂教学能够激发学生的学习潜力和积极性。学生能够获得更多的学习机会，参与度更高，从而激发学习兴趣。总之，双师课堂教学不仅带来了教学质量和效果的提升，更重要的是为学生提供了更优质的学习机会和发展空间。它的意义在于拓宽教学渠道，提升学生的学习兴趣和能力，推动教育的创新与发展。通过深入研究和积极推广双师课堂教学，我们相信它将为教育改革和学生发展带来积极的作用。

后　记

教育探索的无穷之旅

写作这本《探物思理　知行合———指向新课程理念的初中物理教学实践与创新》，对我来说是一次充满挑战的旅程。在完成这本书的过程中，我深刻认识到了教育的重要性和教育工作者肩负的引领学生发展的责任。

本书的概念和思想源于多年的教研实践与经验积累。我一直主张，物理教育应紧扣知识、实验和思维；并始终坚信，学生在学习物理的过程中，应该主动参与、探索并与实际生活相连接，学以致用。因此，我提出了"探物思理　知行合一"的教学思想，意在培养学生的思维能力和实践能力，用所学的知识解决问题。这种思想贯穿全书，融合在每一章节的论述中。

物理教研是一个不断探索的过程，学习本身是不断成长的历练。我衷心希望这本书能够对广大教师有所启发，帮助他们更好地指导学生，促进学生的全面发展。我也希望读者们能够提出宝贵的意见和建议，与我一同探索教育改革的道路。

鲸波万里，一苇可航。选择了教师职业，就是选择了在立德树人的道路上坚守和奉献；选择了教研职业，就是选择了永远保持空杯心态，勇于求索。仰望星空，脚踏实地！我愿以我对教育的赤诚之心，沐光而行！

最后，我要衷心感谢所有对我完成这本书提供支持和帮助的人，特别是我的家人、同事和老师们。没有你们的鼓励和支持，我无法完成这个挑战。谢谢你们！

祝愿大家在教育的道路上取得更大的成功！

林惠莉

2024 年 5 月 8 日